SCHULWISSEN GRIFFBEREIT

RECHTSCHREIBUNG UND ZEICHENSETZUNG

Schroedel
westermann

So funktioniert *Schulwissen griffbereit*

Ob im Unterricht, bei den Hausaufgaben, zur Vorbereitung auf Klassenarbeiten oder einfach zwischendurch – ***Schulwissen griffbereit*** erklärt dir die wichtigsten Themen der Rechtschreibung und Zeichensetzung, und zwar anschaulich und übersichtlich.

Auf jeder Seite dieses Nachschlagewerks findest du alle wichtigen Informationen zu einem bestimmten Thema.

In der linken Spalte, also auf gelbem Grund, sind immer die Regeln abgedruckt. In der rechten Spalte, also auf weißem Grund, gibt es die dazu passenden Erklärungen und Beispiele.

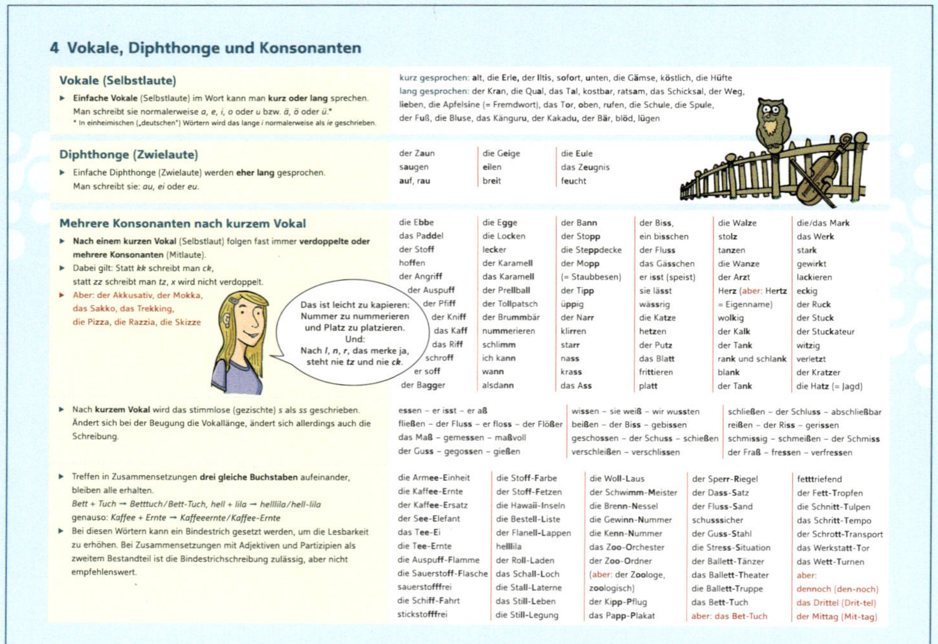

4 Vokale, Diphthonge und Konsonanten

Vokale (Selbstlaute)

- **Einfache Vokale** (Selbstlaute) im Wort kann man **kurz oder lang** sprechen. Man schreibt sie normalerweise *a, e, i, o* oder *u* bzw. *ä, ö* oder *ü*.*

* In einheimischen („deutschen") Wörtern wird das lange *i* normalerweise als *ie* geschrieben.

kurz gesprochen: **alt**, die **Erle**, der **Iltis**, **sofort**, **unten**, die **Gämse**, **köstlich**, die **Hüfte**
lang gesprochen: der **Kran**, die **Qual**, das **Tal**, **kostbar**, **ratsam**, das **Schicksal**, der **Weg**, **lieben**, die **Apfelsine** (= Fremdwort), das **Tor**, **oben**, **rufen**, die **Schule**, die **Spule**, der **Fuß**, die **Bluse**, das **Känguru**, der **Kakadu**, der **Bär**, **blöd**, **lügen**

Diphthonge (Zwielaute)

- Einfache Diphthonge (Zwielaute) werden **eher lang** gesprochen. Man schreibt sie: *au, ei* oder *eu*.

der Zaun	die Geige	die Eule
saugen	eilen	das Zeugnis
auf, rau	breit	feucht

Mehrere Konsonanten nach kurzem Vokal

- **Nach einem kurzen Vokal** (Selbstlaut) folgen fast immer **verdoppelte oder mehrere Konsonanten** (Mitlaute).
- Dabei gilt: Statt *kk* schreibt man *ck*, statt *zz* schreibt man *tz*, *x* wird nicht verdoppelt.
- Aber: der Akkusativ, der Mokka, das Sakko, das Trekking, die Pizza, die Razzia, die Skizze

die Ebbe	die Egge	der Bann	der Biss,	die Walze	die/das Mark
das Paddel	die Locken	der Stopp	ein bisschen	stolz	das Werk
der Stoff	lecker	die Steppdecke	der Fluss	tanzen	stark
hoffen	der Karamell	der Mopp	das Gässchen	die Wanze	gewirkt
der Angriff	das Karamell	(= Staubbesen)	er isst (speist)	der Arzt	lackieren
der Auspuff	der Prellball	der Tipp	sie lässt	Herz (aber: Hertz	eckig
der Pfiff	der Tollpatsch	üppig	wässrig	= Eigenname)	der Ruck
der Kniff	der Brummbär	der Narr	die Katze	wolkig	der Stuck
das Kaff	nummerieren	klirren	hetzen	der Kalk	der Stuckateur
das Riff	schlimm	starr	der Putz	der Tank	witzig
schroff	ich kann	nass	das Blatt	rank und schlank	verletzt
er soff	wann	krass	frittieren	blank	der Kratzer
der Bagger	alsdann	das Ass	platt	der Tank	die Hatz (= Jagd)

- Nach **kurzem Vokal** wird das stimmlose (gezischte) *s* als *ss* geschrieben. Ändert sich bei der Beugung die Vokallänge, ändert sich allerdings auch die Schreibung.

essen – er isst – er aß	wissen – sie weiß – wir wussten	schließen – der Schluss – abschließbar
fließen – der Fluss – er floss – der Flößer	beißen – der Biss – gebissen	reißen – der Riss – gerissen
das Maß – gemessen – maßvoll	geschossen – der Schuss – schießen	schmissig – schmeißen – der Schmiss
der Guss – gegossen – gießen	verschleißen – verschlissen	der Fraß – fressen – verfressen

- Treffen in Zusammensetzungen **drei gleiche Buchstaben** aufeinander, bleiben alle erhalten.
Bett + Tuch → Betttuch/Bett-Tuch, hell + lila → helllila/hell-lila
genauso: *Kaffee + Ernte → Kaffeeernte/Kaffee-Ernte*
- Bei diesen Wörtern kann ein Bindestrich gesetzt werden, um die Lesbarkeit zu erhöhen. Bei Zusammensetzungen mit Adjektiven und Partizipien als zweitem Bestandteil ist die Bindestrichschreibung zulässig, aber nicht empfehlenswert.

die Armee-Einheit	die Stoff-Farbe	die Woll-Laus	der Sperr-Riegel	fetttriefend
die Kaffee-Ernte	der Stoff-Fetzen	der Schwimm-Meister	der Dass-Satz	der Fett-Tropfen
der Kaffee-Ersatz	die Hawaii-Inseln	die Brenn-Nessel	der Fluss-Sand	die Schnitt-Tulpen
der See-Elefant	die Bestell-Liste	die Gewinn-Nummer	schusssicher	das Schritt-Tempo
das Tee-Ei	der Flanell-Lappen	die Kenn-Nummer	der Guss-Stahl	der Schrott-Transport
die Tee-Ernte	helllila	das Zoo-Orchester	die Stress-Situation	das Werkstatt-Tor
die Auspuff-Flamme	der Roll-Laden	der Zoo-Ordner	der Ballett-Tänzer	das Wett-Turnen
die Sauerstoff-Flasche	das Schall-Loch	(aber: der Zoologe,	das Ballett-Theater	aber:
sauerstofffrei	die Stall-Laterne	zoologisch)	die Ballett-Truppe	dennoch (den-noch)
die Schiff-Fahrt	das Still-Leben	der Kipp-Pflug	das Bett-Tuch	das Drittel (Drit-tel)
stickstofffrei	die Still-Legung	das Papp-Plakat	aber: das Bet-Tuch	der Mittag (Mit-tag)

Wenn es mal schnell gehen muss, hilft die App ***Schulwissen griffbereit*** weiter.

Hier findest du die wichtigsten Inhalte des Buchs zum schnellen Nachschlagen für unterwegs.

Und das Beste ist: In der App hast du Zugriff auf alle Fächer, für die es ***Schulwissen griffbereit*** gibt.

Die App gibt es für Android und iOS. Einfach ***Schulwissen griffbereit*** im Store eingeben und kostenlos herunterladen.

Wir wünschen dir viel Erfolg mit ***Schulwissen griffbereit***!

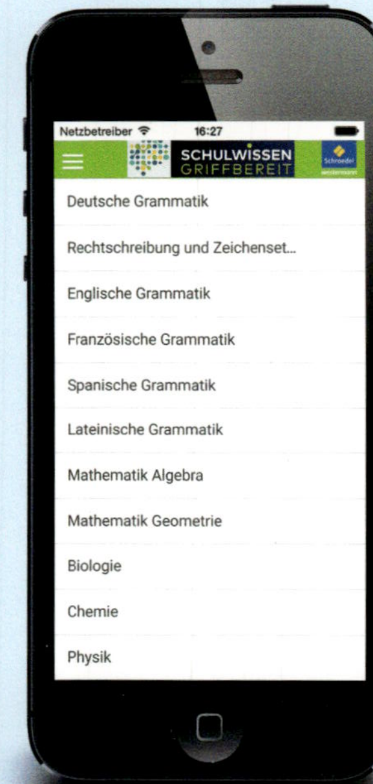

Inhaltsverzeichnis

1 Warum wir schreiben, wie wir schreiben

Die deutsche Rechtschreibung

Die Rechtschreibung beschreibt die Zuordnung der gesprochenen Laute zu den 26 Buchstaben der deutschen Schrift. Die einfache Regel „Schreibe, wie du sprichst“ gilt dabei leider nicht immer. Die deutsche Rechtschreibung folgt bestimmten Prinzipien und Regeln.

Die deutsche Schrift beruht auf den 26 einfachen Buchstaben des Alphabets. Sie können großgeschrieben werden (A, B, C...) und kleingeschrieben werden (a, b, c). Auch die Umlaute (Diphthonge) können groß- und kleingeschrieben werden (Ä, ä, ...). Großbuchstaben nennt man auch Versalbuchstaben. Für das ß gibt es inzwischen in manchen Druckschriften eine Versalbuchstabenvariante, sie wird aber sehr selten verwendet.

Das Lautprinzip

- ▶ Gesprochene Wörter nimmt man mit dem Ohr wahr. Man hört, wie sie lauten. Will man die Wörter aufschreiben, benutzt man dazu die passenden Buchstaben oder Buchstabenverbindungen. So werden den Sprachlauten bestimmte Buchstaben zugeordnet. Man spricht deshalb dabei vom Lautprinzip.
- ▶ Mit den Buchstaben des Alphabets werden also Laute abgebildet, aber sie sind nicht dasselbe. Denn in der geschriebenen Sprache werden gleiche Laute nicht immer durch dieselben Buchstaben wiedergegeben.

geb**oh**rt	(theoretisch möglich wären ja auch: gebort, geboort, geboohrt; geboat, gebohrd ...)
Hände	(theoretisch möglich wäre ja auch: Hende)
h**eu**len	(theoretisch möglich wären ja auch: häulen, hoilen, hoylen; heullen ...)

Das Stammprinzip

- ▶ In den meisten dieser Fälle ist es möglich, die richtige Schreibung aus verwandten Wörtern zu erschließen. Man verlässt sich dabei auf den weitgehend gleichbleibenden Wortstamm. Wer also weiß, dass z. B. *bohren* mit *h* geschrieben wird, kann aus dem Wortstamm *-bohr-* ableiten, dass die verwandten Wörter ebenfalls mit *h* zu schreiben sind.
  Man spricht hier vom Stammprinzip.

ge**bohr**t	**bohr**en, **Bohr**er, **Bohr**maschine, auf**bohr**en
Rohheit	**roh**, **Roh**stoff, **Roh**stoffproduktion
Hände	**Hand**, **hand**haben, **händ**eringend, be**händ**e
Schnauze	an**schnauz**en, sich **schnäuz**en, das **Schnäuz**chen
ver**heul**t	**heul**en, **Heul**suse, Ge**heul**, **Heul**krampf

Die Beziehung von Lautung und Schreibung (in Buchstaben) und der Zusammenhang zwischen Schreibung und Bedeutung der Wörter sind die Grundlagen unserer Rechtschreibung.

Schreibung und Bedeutung

- ▶ Es gibt aber auch verschieden geschriebene Wörter, die völlig gleichlautend gesprochen werden. Dabei macht die unterschiedliche Schreibung (= unterschiedliche Laut-Buchstaben-Zuordnung) allerdings ihre jeweils andere Bedeutung aus.
- ▶ In der Sprech- und Lesepraxis erkennt man diese Unterschiede natürlich fast immer aus dem Zusammenhang des Gesagten bzw. Geschriebenen (Kontext).

die Wa**h**l (Auswahl)	–	der Wa**l** (Walfisch)
die W**e**nde (Richtungsänderung)	–	die W**ä**nde (Mauern)
das L**ie**d (Gesang)	–	das L**i**d (Augendeckel)
ma**h**len (zerkleinern)	–	m**a**len (anmalen, zeichnen)
l**ee**ren (leer machen)	–	le**h**ren (unterrichten)

Groß- und Kleinschreibung

- ▶ Eine andere Form der (äußeren) Unterscheidung von Wörtern voneinander ist die Großschreibung. Sie hebt meist das erste Wort im Satz (Satzanfang) hervor sowie Überschriften, Namen, Nomen (Substantive) und bestimmte Anreden.
- ▶ Bei Eigennamen und Fremdwörtern ist immer mit Besonderheiten zu rechnen.
- ▶ Die Groß- und Kleinschreibung ist ein besonderes Merkmal der deutschen Rechtschreibung.

Das hast du gut gemacht. **W**ie geht es dir? **K**omm her!
Goethes Roman „**D**ie Leiden des jungen Werthers!“
München, **M**arinus **M**üller, **K**arl der **G**roße, **B**ahnhofstraße; der **R**eiter, die **S**iegerin, das **G**estein
Geben **S**ie mir bitte **I**hren Mantel?
Hast **d**u **d**ir **d**einen Anteil genommen? (Brief: auch Großschreibung)
Mir ist **a**ngst und **b**ange. Du bist die **l**iebste meiner Freundinnen. Er wurde **i**n **f**lagranti erwischt.

2 So ist unsere Rechtschreibung geregelt

1. Laut-Buchstaben-Zuordnung

Hier findet man

- viele Regeln (Man braucht daneben meist kein Wörterbuch oder andere Hilfsmittel.)
- viele Einzelfestlegungen (Allgemein verbindliche Regeln fehlen; ein Wörterbuch ist meist notwendig.)

Folgt im Wortstamm auf einen betonten kurzen Vokal (Selbstlaut) ein einzelner Konsonant (Mitlaut), so wird er verdoppelt. (A**ff**e, To**ll**patsch, nu**mm**erieren, bi**ss**chen)
In acht Fallgruppen verdoppelt man diesen Konsonanten (Mitlaut) nicht, obwohl er auf einen betonten kurzen Vokal (Selbstlaut) folgt. (Bu**s**; Kriti**k**; Bro**m**beere; Apri**l**; Geschwu**l**st; plu**s**, er ha**t**; Dri**tt**el, Mi**tt**ag, de**nn**och)

2. Getrennt- und Zusammenschreibung

Hier findet man

- viele Regeln (Man braucht daneben meist kein Wörterbuch oder andere Hilfsmittel.)
- viele Einzelfestlegungen (Allgemein verbindliche Regeln fehlen; ein Wörterbuch ist meist notwendig.)

Verbindungen mit dem Hilfsverb *sein* werden getrennt geschrieben. (beisammen sein, vorbei sein, zufrieden sein)
Mehrteilige Adverbien (Umstandswörter, Konjunktionen usw.) schreibt man zusammen, wenn die Bedeutung einzelner Bestandteile verblasst ist. (tagsüber, bergauf, zweimal, alldieweil, anhand, irgendeinmal)

3. Groß- und Kleinschreibung

Hier findet man

- meist Regeln (Man braucht daneben meist kein Wörterbuch oder andere Hilfsmittel.)
- verschiedene Einzelfestlegungen (Allgemein verbindliche Regeln fehlen; ein Wörterbuch ist meist notwendig.)

Nomen (Substantive) schreibt man groß (der Stein, die Idee, das Vakuum; jemandem Angst und Bange machen, Pleite machen, Schuld haben).
Klein werden solche Wörter geschrieben, die zwar formgleich auch als Substantiv vorkommen, selbst aber keine Merkmale des Substantivs – etwa den Artikel – aufweisen:
die **A**ngst – aber: mir ist **a**ngst und **b**ange. – das **L**eid – aber: ich bin es **l**eid. – die **P**leite – aber: die Firma ist **p**leite. – die **K**lasse – aber: Sie spielt **k**lasse

4. Zeichensetzung

- Hier findet man nur Regeln. (Man braucht daneben meist kein Wörterbuch oder andere Hilfsmittel.)

Am Schluss eines Ganzsatzes steht ein Punkt, Ausrufezeichen oder Fragezeichen. (Er rief den Hund, weil er ihn ausführen wollte**.** – Astor, komm zu Herrchen**!** – Wollen wir ausgehen**?**)

5. Worttrennung am Zeilenende

- Hier findet man nur Regeln. (Man braucht daneben meist kein Wörterbuch oder andere Hilfsmittel.)

Geschriebene Wörter kann man am Zeilenende so trennen, wie sie sich beim langsamen deutlichen Sprechen in Silben zerlegen lassen. Einzelne Vokalbuchstaben am Anfang und am Ende werden nicht abgetrennt. (Blu-me, **über**-ho-len, Fens-ter, Ge-trei-de-**kleie**)

6. Schreibung mit Bindestrich

- Hier findet man nur Regeln. (Man braucht daneben meist kein Wörterbuch oder andere Hilfsmittel.)

In Zusammensetzungen mit Einzelbuchstaben, Abkürzungen und Ziffern wird ein Bindestrich gesetzt. (C-Dur, S-Kurve, s-Laut, T-Shirt; Kfz-Mechaniker; 100-prozentig, 18-jährig, $\frac{3}{4}$-Mehrheit)

Die **Geschichte unserer Rechtschreibung** berichtet im Laufe der Jahrhunderte von allerlei orthografischen Unregelmäßigkeiten und Stolpersteinen. Darum hat es immer wieder verschiedene Anstrengungen zur Vereinfachung der Schreibweise von Wörtern und der Zeichensetzung gegeben.

Schon 1880 hatte Konrad **Duden** mit seinem „Rechtschreibebuch“ versucht, die vielen damals sehr unterschiedlich geschriebenen Wörter orthografisch zu vereinheitlichen.

1901 fand die erste Rechtschreibkonferenz statt. Darauf beschlossen im Jahre 1902 die Regierungen von Deutschland, Österreich und der Schweiz die Vereinheitlichung der gemeinsamen Rechtschreibung. Sie wurde nun überschaubarer, entscheidend leichter für die Benutzer wurde sie dadurch aber nicht.

92 Jahre vergingen mit all den für lebendige Sprachen typischen Wandlungen. Es gab in dieser Zeit auch eine Reihe von Ergänzungsverordnungen zu den vorhandenen Regulierungen.

Im **November 1994** fand dann die **Wiener Orthografiekonferenz** statt. Hier verständigten sich Fachleute aus den deutschsprachigen Ländern auf sinnvolle Anpassungen. Trotz vieler Kritik wurde es eine „kleine Reform der Vernunft“, die unsere Rechtschreibung auf einen aktuellen Stand brachte.

Im **März 2006** wurden endlich letzte Korrekturen nach den Empfehlungen des Rats für deutsche Rechtschreibung beschlossen.

3 Das Wichtigste auf einen Blick: Schnellhilfe

1. Laut-Buchstaben-Zuordnung (Vokale und Konsonanten)

1 Im Wort werden die Vokale normalerweise *a, e, i, o, u* bzw. *ä, ö, ü*, die Konsonanten *b, c, d, f, g* usw. geschrieben.

2 Nach einem kurzen Vokal folgen meist mehrere oder verdoppelte Konsonanten. *(Tollpatsch, nummerieren, bisschen, Affe)*

3 Treffen in Zusammensetzungen drei gleiche Buchstaben aufeinander, bleiben alle erhalten. *(Sauerstoffflasche/Sauerstoff-Flasche, Brennnessel/Brenn-Nessel; Kleeernte/Klee-Ernte, Zooordner/Zoo-Ordner)*

4 Die Konsonanten *k* und *z* werden in einheimischen Wörtern nicht verdoppelt. Nach kurzem Vokal steht meist *ck* oder *tz (eckig, witzig)*.

5 Nach langem Vokal steht als s-Laut meist *ß (Fuß)*, nach kurzem Vokal *ss (Fluss)*.

6 Der lang gesprochene Vokal wird (vor *l, m, n* oder *r*) oft mit h geschrieben. *(Stuhl, nehmen, belohnen, sehr)*

7 Der lang gesprochene i-Laut wird oft als *ie* geschrieben. *(sieben, Batterie)*

2. Zeichensetzung

1 Am Schluss eines Ganzsatzes steht ein Punkt, Ausrufezeichen oder Fragezeichen.

2 Gleichrangige Teile (Wortgruppen, Aufzählungen usw.) trennt man durch Komma ab, wenn sie nicht durch eine Konjunktion/Bindewort verknüpft sind.

3 Einen Nebensatz/Gliedsatz trennt man vom übrigen Ganzsatz durch Komma ab.

4 Bei Infinitiv-, Partizip-, Adjektiv- und entsprechenden Wortgruppen kann man ein Komma setzen.

5 Gleichrangige nebengeordnete Teilsätze kann man durch Komma oder Semikolon abtrennen.

6 Mit Anführungszeichen kennzeichnet man die wörtliche Rede, Zitate und andere Hervorhebungen.

3. Getrennt- und Zusammenschreibung

1 Getrennte Schreibung ist der Normalfall*.

2 Verbindungen aus Verb + Verb werden getrennt geschrieben. *(laufen lernen, lesen üben, baden gehen)*

3 Bei Verbindungen mit **bleiben** und **lassen** als zweitem Wortbestandteil ist auch Zusammenschreibung möglich, wenn das Wort eine neue Bedeutung erhält. *(liegen bleiben/liegenbleiben = nicht erledigt werden, sitzen bleiben/sitzenbleiben = nicht versetzt werden)*

4 Verbindungen aus (nicht verblasstem) Nomen/Substantiv + Verb werden meistens getrennt geschrieben. *(Radio hören, Auto fahren, Feuer fangen)*

5 Ebenso Verbindungen mit dem Hilfsverb **sein.** *(beisammen sein, imstande sein/im Stande sein, vorüber sein)*

6 Verben können mit anderen Wortarten untrennbare oder trennbare Verbindungen bilden. *(handhaben, wettlaufen, schlussfolgern, schlafwandeln; zuwiderhandeln, entgegenkommen, gegenüberstehen)*

7 Viele Zusammensetzungen mit einem Adjektiv oder Partizip schreibt man zusammen. *(denkfaul, tropfnass; wehklagend, angsterfüllt, jahrelang; altersschwach, werbewirksam)*

8 Mehrteilige Zusammensetzungen schreibt man zusammen, wenn die Bedeutung, Art oder Form der einzelnen Bestandteile verblasst ist. *(kopfüber, bergab, geradewegs, beizeiten, allseits, einesteils, ehrenhalber)*

* Man muss stets unterscheiden, ob es sich um eine Wortgruppe (= lockerer Verbund) oder um eine Zusammensetzung (= enger Verbund, im Text unmittelbar benachbart und aufeinander bezogen) handelt.

4. Worttrennung am Zeilenende

1 Geschriebene Wörter trennt man am Zeilenende so, wie sie sich beim langsamen Sprechen in Silben zerlegen lassen. *(Blu-me, Recht-schreib-test)*

2 Einzelne Buchstaben am Wortanfang und am Wortende trennt man nicht ab. *(**über**-ho-len, **abend**-lich; Ge-trei-de-**kleie**, **graue**)*

3 Bei Zusammensetzungen ist es wichtig, auf sinnvolle Trennung zu achten.

5. Groß- und Kleinschreibung

1 Das erste Wort im Satz, in einer Überschrift, einer Anrede usw. schreibt man meist groß. *(**D**u könntest mehr üben. – **R**echtschreiben zum Nachschlagen)*

2 Ebenso das erste Wort der wörtlichen Rede. *(Sie rief: „**D**as macht Freude!")*

3 Nomen/Substantive schreibt man groß. *(der **S**tein, die **I**dee, das **V**akuum)*

4 Wörter aus anderen Wortarten, die als Nomen/Substantive gebraucht werden, schreibt man groß. *(das **E**ssen und **T**rinken, alles **G**ute, das **K**leingedruckte)*

5 Nomen/Substantive, die mit dem Infinitiv/Grundform nicht zusammengeschrieben werden, schreibt man groß. *(**R**ad fahren, **A**uto fahren)*

6 Ehemalige Nomen/Substantive schreibt man klein. *(anfangs, namens, klasse)*

7 Eigennamen werden großgeschrieben. *(**A**rmin, **F**rankfurt, **S**chweiz, **V**ereinte **N**ationen, **B**erliner **S**traße, **Z**ugspitze)* – Adjektivische Eigennamen auf -isch schreibt man klein, außer wenn die Grundform des Nomens durch einen Apostroph verdeutlicht wird. *(bayer**isches** Bier, goethe**sches**/**Goethe'sches** Gedicht)*

8 Das Anredepronomen Sie und das Pronomen Ihr schreibt man in der Höflichkeitsanrede in allen Formen groß. *(Leihen **S**ie mir bitte **I**hr Buch?)*

9 In der vertrauten Anrede schreibt man du, dir, dein, ihr usw. klein. *(Leihst **d**u mir bitte **d**ein Buch?)* – In Briefen kann auch großgeschrieben werden.

10 Tageszeiten nach Adverbien schreibt man groß. *(gestern **A**bend, heute **M**orgen, morgen **N**acht, übermorgen **N**achmittag)*

6. Schreibung mit Bindestrich

1 In Zusammensetzungen mit Einzelbuchstaben, Abkürzungen und Ziffern muss ein Bindestrich gesetzt werden. *(C-Dur, S-Kurve, T-Shirt; Kfz-Mechaniker; 100-prozentig, 18-jährig, $\frac{3}{4}$-Mehrheit)*

2 Ansonsten kann man den Bindestrich zur Hervorhebung, zur Verbesserung der Übersichtlichkeit und zur Vermeidung von Missverständnissen setzen. *(Kann-Bestimmung, Lotto-Annahmestelle, Ultraschall-Untersuchung; Drucker-Zeugnis, Druck-Erzeugnis)*

3 Als Ergänzungsstrich setzt man ihn dort, wo in einer Zusammensetzung oder Aufzählung ein gleicher Bestandteil ausgelassen worden ist. *(Textilgroß- und -einzelhandel = Textilgroßhandel und Textileinzelhandel)*

4 Vokale, Diphthonge und Konsonanten

Vokale (Selbstlaute)

- **Einfache Vokale** (Selbstlaute) im Wort kann man **kurz oder lang** sprechen. Man schreibt sie normalerweise *a, e, i, o* oder *u* bzw. *ä, ö* oder *ü*.*

* In einheimischen („deutschen") Wörtern wird das lange *i* normalerweise als *ie* geschrieben.

kurz gesprochen: alt, die Erle, der Iltis, sofort, unten, die Gämse, köstlich, die Hüfte

lang gesprochen: der Kran, die Qual, das Tal, kostbar, ratsam, das Schicksal, der Weg, lieben, die Apfelsine (= Fremdwort), das Tor, oben, rufen, die Schule, die Spule, der Fuß, die Bluse, das Känguru, der Kakadu, der Bär, blöd, lügen

Diphthonge (Zwielaute)

- Einfache Diphthonge (Zwielaute) werden **eher lang** gesprochen. Man schreibt sie: *au, ei* oder *eu*.

der Zaun	die Geige	die Eule
saugen	eilen	das Zeugnis
auf, rau	breit	feucht

Mehrere Konsonanten nach kurzem Vokal

- **Nach einem kurzen Vokal** (Selbstlaut) folgen fast immer **verdoppelte oder mehrere Konsonanten** (Mitlaute).
- Dabei gilt: Statt *kk* schreibt man *ck*, statt *zz* schreibt man *tz*, *x* wird nicht verdoppelt.
- Aber: der Akkusativ, der Mokka, das Sakko, das Trekking, die Pizza, die Razzia, die Skizze

die Ebbe	die Egge	der Bann	der Biss,	die Walze	die/das Mark
das Paddel	die Locken	der Stopp	ein bisschen	stolz	das Werk
der Stoff	lecker	die Steppdecke	der Fluss	tanzen	stark
hoffen	der Karamell	der Mopp	das Gässchen	die Wanze	gewirkt
der Angriff	das Karamell	(= Staubbesen)	er isst (speist)	der Arzt	lackieren
der Auspuff	der Prellball	der Tipp	sie lässt	Herz (aber: Hertz	eckig
der Pfiff	der Tollpatsch	üppig	wässrig	= Eigenname)	der Ruck
der Kniff	der Brummbär	der Narr	die Katze	wolkig	der Stuck
das Kaff	nummerieren	klirren	hetzen	der Kalk	der Stuckateur
das Riff	schlimm	starr	der Putz	der Tank	witzig
schroff	ich kann	nass	das Blatt	rank und schlank	verletzt
er soff	wann	krass	frittieren	blank	der Kratzer
der Bagger	alsdann	das Ass	platt	der Tank	die Hatz (= Jagd)

- Nach **kurzem Vokal** wird das stimmlose (gezischte) *s* als *ss* geschrieben. Ändert sich bei der Beugung die Vokallänge, ändert sich allerdings auch die Schreibung.

essen – er isst – er aß	wissen – sie weiß – wir wussten	schließen – der Schluss – abschließbar
fließen – der Fluss – er floss – der Flößer	beißen – der Biss – gebissen	reißen – der Riss – gerissen
das Maß – gemessen – maßvoll	geschossen – der Schuss – schießen	schmissig – schmeißen – der Schmiss
der Guss – gegossen – gießen	verschleißen – verschlissen	der Fraß – fressen – verfressen

- Treffen in Zusammensetzungen **drei gleiche Buchstaben** aufeinander, bleiben alle erhalten.
  Bett + Tuch → Betttuch/Bett-Tuch, hell + lila → helllila/hell-lila
  genauso: *Kaffee + Ernte → Kaffeeernte/Kaffee-Ernte*
- Bei diesen Wörtern kann ein Bindestrich gesetzt werden, um die Lesbarkeit zu erhöhen. Bei Zusammensetzungen mit Adjektiven und Partizipien als zweitem Bestandteil ist die Bindestrichschreibung zulässig, aber nicht empfehlenswert.

die Armee-Einheit	die Stoff-Farbe	die Woll-Laus	der Sperr-Riegel	fetttriefend
die Kaffee-Ernte	der Stoff-Fetzen	der Schwimm-Meister	der Dass-Satz	der Fett-Tropfen
der Kaffee-Ersatz	die Hawaii-Inseln	die Brenn-Nessel	der Fluss-Sand	die Schnitt-Tulpen
der See-Elefant	die Bestell-Liste	die Gewinn-Nummer	schusssicher	das Schritt-Tempo
das Tee-Ei	der Flanell-Lappen	die Kenn-Nummer	der Guss-Stahl	der Schrott-Transport
die Tee-Ernte	helllila	das Zoo-Orchester	die Stress-Situation	das Werkstatt-Tor
die Auspuff-Flamme	der Roll-Laden	der Zoo-Ordner	der Ballett-Tänzer	das Wett-Turnen
die Sauerstoff-Flasche	das Schall-Loch	(aber: der Zoologe,	das Ballett-Theater	aber:
sauerstofffrei	die Stall-Laterne	zoologisch)	die Ballett-Truppe	dennoch (den-noch)
die Schiff-Fahrt	das Still-Leben	der Kipp-Pflug	das Bett-Tuch	das Drittel (Drit-tel)
stickstofffrei	die Still-Legung	das Papp-Plakat	aber: das Bet-Tuch	der Mittag (Mit-tag)

5 Konsonanten nach kurzen Vokalen und das Dehnungs-h

Konsonant (Mitlaut) nach kurzem Vokal (Selbstlaut)

- In bestimmten Wortgruppen wird der **Konsonant** (Mitlaut) nach kurz gesprochenem Vokal (Selbstlaut) **nicht verdoppelt**.

poppiger Bus

einsilbige Wörter:
der Bu**s**, der Chi**p**, fi**t**, der Ga**g**, der Gro**g**, der Hi**t**, der Je**t**, der Jo**b**,
das Ka**p**, der Klu**b**, der Mo**b** (= Pöbel), der Po**p**, der Sli**p**, to**p**, der Twe**n**
Nicht falsch zu schreiben:
tschü**s**/tschü**ss**, der Wa**g**on/der Wa**gg**on
aber:
der Bu**s** – die Bu**ss**e – des Bu**ss**es
der Jo**b** – jo**bb**en – sie jo**bb**t – der Jo**bb**er – das Jo**bb**ertum
der Je**t** – je**tt**en – geje**tt**et
der Po**p** – po**pp**ig – po**pp**ige Farben
der Sli**p** – der Sli**pp**er

h nach langem Vokal

- Wenn im Wort nach einem lang gesprochenen Vokal (Selbstlaut) direkt ein unbetonter kurzer folgt, dann steht **nach dem langen Vokal regelmäßig ein *h***; das man bei übertriebener Aussprache auch hören kann.

*n a **h** e n – d r e **h** e n*

(Das eingefügte *h* markiert auch die Silbenfuge:
dre|hen, die Schu|he, fä|hig; verzei|hen, die Rei|he, wei|hen)

ah: na**h**en, beja**h**en (aber: ja)
eh: dre**h**en, gese**h**en, das Darle**h**en
oh: dro**h**en, der Flo**h** (wg. Flöhe)
uh: ru**h**en, die Ku**h** (wg. Kühe), die Schu**h**e, die U**h**r
(aber: die **U**rzeit = Vorzeit/Frühzeit)
äh: zä**h**, die Nä**h**e, fä**h**ig, die Nä**h**te, (aber: nä**h**en; die Nadel)
öh: erhö**h**en, die Hö**h**e, flö**h**en (aber: die Bö, die Böe)
üh: frü**h**er, blü**h**en, das Glü**h**en (aber: die Blüte, die Blume; die Glut)

- Ein *h* steht in Ausnahmefällen auch **nach dem Diphthong** (Zwielaut) ***ei***.

Hierher gehören Ableitungen der Grundwörter ged**eih**en, l**eih**en, R**eih**e, r**eih**er, s**eih**en (= filtern), w**eih**en, W**eih**er, z**eih**en (bezichtigen), Gew**eih**.
Also auch: W**eih**nachten, W**eih**wasser, ausl**eih**en, die R**eih**e, verz**eih**en.
Aber: zwei, drei, das Blei, schreien, frei, speien, schneien

-

la**hm**	der So**hn**	der Mo**hr**	die Hebebü**hn**e
a**hn**en	bo**hr**en	die Ä**hr**e	fü**hr**en
der Wa**hn**	das O**hr**	ä**hn**eln	das Gewü**hl**
die Ba**hr**e	ho**hl**	gä**hn**en	kü**hn**
befe**hl**en	die U**hr**	erwä**hn**en	berü**hr**en
ne**hm**en	das Hu**hn**	verwö**hn**en	das Gefü**hl**
die E**hr**e	der Ru**hm**	die Hö**hl**e	kü**hl**
bege**hr**en	das Ro**hr**	stö**hn**en	das Gestü**hl**

Aber:
fa**hnd**en (intensiv suchen), a**hnd**en (bestrafen, vergelten)

Bei manchen Wörtern ist es schwer, Regelungen zu lernen.
Am besten: Üben und einprägen!

die Politik	das Drittel
die Kritik	der Mittag
der Profit	dennoch
der Kredit	die Fassade
der Takt	das Karussell
das Insekt	die Kassette
der Doktor	passieren
die Republik	die Batterie
die Brombeere	die Konkurrenz
die Himbeere	das Porzellan
das Damwild	die Attraktion
der Imbiss	addieren
der Imker	symmetrisch
die Walnuss	die Ärztin
der Sperling	die Ärztinnen
die Kamera	die Ananas
das Kapitel	die Ananas(se)
das Hotel	der Atlas
der Roboter	die Atlasse (Atlanten)
der April	der Globus
der Brand	die Globusse (Globen)
die Geschwulst	der Diskus
das Geschäft	die Diskusse (Disken)
gesamt	die Grammatik
insgesamt	grammatisch
sämtlich	
drin	
man	
plus	

6 Lange Vokale mit und ohne h

Lange Vokale ohne Kennzeichen

- Die meisten lang gesprochenen Vokale (Selbstlaute) haben **keine** besondere Kennzeichnung.
  Allerdings wird das lang gesprochene *i* in der Regel als *ie* geschrieben.

die Fabel, die Gabel, der Rabe, laben, malen, stapeln,
die Feder, das Leben, die Rebe, geben, leben, streben,
das Brot, das Lob, knobeln, rot,
der Fuß, die Glut, der Gruß, der Ruß, gut, rudern, tun,
Aber: der Krieg, der Spiegel, der Ziegel, biegen, fließen, gießen, liegen

Mit Dehnungs-h oder ohne?

- Obwohl sie völlig gleich ausgesprochen werden, unterscheiden sich manche Wörter in der Schreibung des langen Vokals (Selbstlauts).
  Am besten: Üben und einprägen!

das Mahl – das Mal (das Essen – das Kennzeichen)	lehren – leeren (unterrichten – ausleeren)
die Wahl – der Wal (die Auswahl – der Walfisch)	mehr – Meer (noch mehr! – das Gewässer)
mahlen – malen (zerkleinern – anmalen)	der Mohr – das Moor (veraltet für Dunkelhäutigen – Sumpfgelände)
er späht (= blickt) – es ist spät	die Sohle – die Sole (Schuhsohle – kochsalzhaltiges Wasser)
dehnen – denen (weiten – denen dort!)	etwas währt (dauert) lange – sie wären gegangen
es ist wahr – er war verreist	die Uhr (Zeitmesser) – die Uroma

- In Fremdwörtern steht das *h* nur in wenigen Wörtern.

der Schah (ehem. iran. Herrscher), Allah (islam. Gott), das Passah/Passahfest (jüd. Fest)

- Bei Veränderungen des Wortes (Beugung, Ableitungen usw.) bleibt das *h* erhalten.

leihen – sie lieh – geliehen	sehen – du siehst – sie sah – gesehen – die Seher	wehen – es weht – die Wehe
mähen – er mäht – die Mahd	sprühen – gesprüht – der Sprüher	ruhen – wir ruhten – geruht – die Ruhe
sehen – sieh! – es sah aus	stehlen – der Diebstahl	befehlen – befiehl! – sie befahl – befohlen – der Befehl
empfehlen – empfiehl! – sie empfahl	weihen – geweiht – Weihnachten	aber: blühen – geblüht – die Blüte
gedeihen – es gedieh – gedeihlich		

Besondere Kennzeichnung der langen Vokale: Doppelvokale

- In einigen Wörtern wird der **lang gesprochene Vokal** (Selbstlaut) durch **Verdopplung** gekennzeichnet.
  Am besten: Üben und einprägen!

Achtung: Die Vokale *i* und *u* sowie die Diphthonge (Zwielaute) werden nicht verdoppelt!

der Aal	die Beere	der Teer	das Boot
das Aas	das Beet	die Allee	das Moor
das Haar	die Fee (die Feen)	die Armee	moorig
ein paar (einige), das Paar	das Heer	die Idee (die Ideen, ideell)	das Moos
der Saal	der Klee	der Kaffee	moosig
die Saat	krakeelen (laut schimpfen)	das Klischee (das Vorurteil)	vermoost
der Staat	scheel	die Moschee	der Zoo
die Waage	der Schnee	das Püree	aber: zoologisch
der Maat	der See (die Seen, des Sees)	das Resümee (die Zusammenfassung)	
die Saar	der Speer		
	der Tee		

- Verwandte Wörter, in denen *aa* zu *ä* und *oo* zu *ö* werden, behalten nur noch einen Vokalbuchstaben.
  Am besten: Üben und einprägen!

das Paar – das Pärchen – pärchenweise
das Haar – das Härchen   der Saal – das Sälchen
das Boot – das Bötchen   die Saat – säen – der Sämann

- Unterscheiden muss man auch hier gleich oder ähnlich lautende, aber unterschiedlich geschriebene Wörter bzw. Wortstämme. Sie unterscheiden sich auch in der Bedeutung!

die Waage – die Waagen, der Wagen – die Wagen/Wägen
die Reede (Ankerplatz vor dem Hafen) – die Reeden, die Rede – die Reden
seelisch (Seele betreffend) – selig (glücklich)
das Heer (Streitmacht) – her (komm her!)

7 Besonderes beim langen i-Laut

Besondere Kennzeichnung der lange Vokale: das lange i

▸ In wenigen einheimischen (deutschen) und in wenigen eingebürgerten Wörtern wird **das lange *i* ausnahmsweise nur als *i* geschrieben** (sonst normalerweise als *ie*).

d**i**r, m**i**r, w**i**r	der B**i**ber	der/das L**i**ter	w**i**derlich	der W**i**sent
g**i**b, du g**i**bst,	die B**i**samratte	die N**i**sche	w**i**dersprechen	
sie g**i**bt (aber: erg**ie**big)	die Br**i**se	die Pr**i**mel	der W**i**derspruch	
die B**i**bel	die F**i**bel	der T**i**ger	w**i**derwillig	
	der **I**gel	der T**i**gerstaat		

▸ Einige Wörter mit *i* klingen solchen mit *ie* zum Verwechseln ähnlich. Die Bedeutung erkennt man aber meist schon aus dem Zusammenhang.

die F**i**ber (industrielle Faser)	–	das F**ie**ber (erhöhte Körpertemperatur)
das L**i**d (der Augendeckel)	–	das L**ie**d (der Gesang)
die M**i**ne (z. B. das Bergwerk)	–	die M**ie**ne (der Gesichtsausdruck)
der St**i**l (die Art)	–	der St**ie**l (langer Griff)
w**i**der (gegen)	–	w**ie**der (wiederholt)

▸ In fremdsprachigen Wörtern schreibt man das lange *i* in der Endung als *-ie, -ier, -ieren* und *-ierung*.

die Batter**ie**	das Furn**ier**	dikt**ieren**	assozi**ieren** (sich zusammenschließen)	die Garn**ierung**
die Biolog**ie**	der Kaval**ier**	marsch**ieren**	alli**ieren** (verbünden)	die Isol**ierung**
die Energ**ie**	der Pion**ier**	prob**ieren**	initi**ieren** (einführen, einleiten)	die Leg**ierung**
die Lotter**ie**	der Offiz**ier**	provoz**ieren**	li**ieren** (eng verbinden)	die Mark**ierung**
die Orthograph**ie**/ Orthograf**ie**	das Pap**ier**	reag**ieren**	vari**ieren** (abändern)	die Reg**ierung**
die Reg**ie**	der Passag**ier**	spaz**ieren**	add**ieren**	die Digitalis**ierung**
	das Scharn**ier**	die Man**ie** (Sucht)	dat**ieren**	die Aktiv**ierung**

▸ Einige fremdsprachige Wörter enden ausnahmsweise auf *-ir.*

der Em**ir** (arab. Titel)	der Nad**ir** (Gegenpunkt zum Zenit)	das Souven**ir**	der Wes**ir** (türkischer Würdenträger)
der Geys**ir** (heiße Quelle)	der/das Pam**ir** (asiat. Hochland)	der Tap**ir** (Tier)	der Zeph**ir** (Baumwollgewebe)
der Kaschm**ir** (Stoffart)	der Saph**ir** (Edelstein)	der Vamp**ir**	der Fak**ir** (Zauberkünstler)

▸ In Einzelfällen wird das lange *i* als *ih* oder als *ieh* geschrieben.
Am besten: Üben und einprägen!

ihm, **ih**n, **ih**nen	das V**ieh**	bef**ieh**l – befehlen
ihr, **ih**re, **ih**rem	fl**ieh**en	er empf**ieh**lt – empfehlen
ihren, **ih**rer, **ih**ren	w**ieh**ern	es ged**ieh** – gedeihen
Ihr, **Ih**re, **Ih**rem	z**ieh**en	sie l**ieh** – leihen
Ihren, **Ih**rer, **Ih**res		er s**ieh**t – sehen – sieh!
ihrerseits/**Ih**rerseits		er st**ieh**lt – stehlen
ihresgleichen/**Ih**resgleichen		du vers**ieh**st dich mit etwas – sich mit etwas versehen
ihresteils/**Ih**resteils		sie verz**ieh** – verzeihen
ihrethalben/**Ih**rethalben		
ihretwegen/**Ih**retwegen		
ihretwillen/**Ih**retwillen		
ihrige/**Ih**rige		
ihrzen (= mit Ihr anreden)		

Konjugationsbeispiel

(Präsens, Indikativ, Aktiv von ziehen)

ich ziehe	(1. Person, Singular)
du ziehst	(2. Person, Singular)
er/sie/es zieht	(3. Person, männlich/weiblich/sächlich, Singular)
wir ziehen	(1. Person, Plural)
ihr zieht	(2. Person, Plural)
sie ziehen	(3. Person, Plural)

8 Schreibung der Umlaute und Diphthonge (Zwielaute)

Grundform a ➡ Ableitung ä

- Bei Wörtern mit einer Grundform mit *a* schreibt man abgeleitete Formen mit dem Umlaut *ä*.
- Wörter mit *ä* lassen sich meist von einem Stammwort mit *a* ableiten.

alt – älter
das Band – die Bänder – das Bändel – anbändeln
das Fach – die Fächer
die Qual – quälen
die Gams – die Gämse
der Hals – die Hälse

die Hand – die Hände – behände
der Überschwang – überschwänglich
kalt – die Kälte
das Quantum – das Quäntchen
die Stange – der Stängel
der Überschwang – überschwänglich
aber: die Ähre, sägen, der Bär

die Gans – die Gänse

das Lamm – die Lämmer (belämmert)

Grundform a ➡ Ableitung e

- Bei einigen Wörtern schreibt man ausnahmsweise *e*.
  die Eltern (trotz alt/älter)
- Bei einigen anderen gelten beide Schreibweisen: *a* oder *e* (aufwendig/aufwändig von aufwenden/der Aufwand). Innerhalb desselben Textes sollte man immer bei einer Schreibweise bleiben, um den Leser nicht zu verwirren.

die Schenke – die Schänke
(von ausschenken/der Ausschank)

Für einige Wörter ist die Schreibung nur schwer abzuleiten.
Am besten: Üben und einprägen!

ätzen, ätzend, die Dämmerung, es dämmert, das Geländer, der Käfer, der Lärm, lärmen, der Käfig, der März, der Märzenbecher, die Säge, sägen, die Schärpe

die Lerche (Vogel) – die Lärche (Baum)
die Esche (Baum) – die Äsche (Fisch)
die Ferse (Fußteil) – die Färse (Rind)

die Räude (Krankheit), sich räuspern, die Säule, sich sträuben, täuschen

Grundform au ➡ Ableitung äu

- Bei Wörtern mit einer Grundform mit *au* schreibt man abgeleitete Formen mit *äu*.

das Haus – die Häuser
laufen – sie läuft – der Läufer
die Haut – die Häute – häuten
der Bau – das Gebäude
rauschen – das Geräusch

die Schnauze – sich schnäuzen – großschnäuzig
blau – jemanden verbläuen – einbläuen
grausam/grausen – gräulich
das Grauen – das Gräuel
die Maus – das Mäuschen

Die Ausnahme: ai

- In wenigen Wörtern schreibt man ausnahmsweise *ai*.

der Hai
der Hain (kleiner Wald)
der Kai
der Kaiser
der Laich (Froscheier)
der Mai
die Laibung (Türlaibung)

der Laie
der Main
der Rain (Wegrand)
der Waidmann (auch: Weidmann)
die Bai (Bucht)
der Altai (Gebirge)
das Ai (Faultier)

der Bahai (Anhänger des Bahaismus)
der Lakai (Diener)
der/das Quai (Uferstraße)
der/das Bonsai (Zwergbaum)
Dubai (Stadt)
bairisch (die bairische Sprache betreffend, sonst: bayrisch/bayerisch)

der/das Knäuel

- Einige Wörter mit *ai* klingen solchen mit *ei* zum Verwechseln ähnlich. Man unterscheidet diese Wörter auch durch die Bedeutung. (Und die Bedeutung erkennt man meist aus dem Zusammenhang/Kontext.)

der Laib (Brot) – der Leib (Körper)
die Saite (Gitarrensaite) – die Seite (Buchseite)
der/die Waise (elternloses Kind) – der/die Weise (kluger Mensch; Melodie)
verwaist (zu verwaisen) – verweist (zu verweisen)
Laien – leihen, Bai (Meeresbucht) – bei, Leichen – laichen
das Ai (Faultier) – das Ei (Hühnerei)
der Rain (Wegrand) – rein (sauber)

9 Vokal-Schreibweisen in Fremdwörtern

Neben den weiter vorn schon aufgeführten Schreibweisen in fremdsprachlichen Wörtern gibt es weitere Laut-Buchstaben-Zuordnungen. Am besten: Üben und einprägen!

u:	der Butler, der Cup, das Make-up, der Slum
at:	der Eklat, der Etat, der Forschungsetat
a:	die Action, das Camping, der Jetlag, der Fan, das Rack (Regal), der Gag
ai:	der Airbus, die Swissair, die Chaiselongue (Sofa), fair, das Flair, die Saison
é-:	der Abbé, der Attaché, das Lamé, das Café, René
er:	das Atelier, der Hotelier, der Bankier, der Premier, der Romancier, das Collier
et:	das Budget, das Couplet, das Filet, das Sujet (Stoff), der/das Sorbet (Eisgetränk)
ai-:	der Cocktail, die/das E-Mail, der Container
y-:	das Baby, die City, die Lady, die Party, sexy; (Plural/Mehrzahl: das Baby – die Babys, die Lady – die Ladys, die Party – die Partys, der Rowdy – die Rowdys)
ea:	der Beat, der Dealer, das Hearing, die Jeans, das Team, der Beagle (Hund), beamen
au:	die Chaussee, der Chauvinismus, der Chauffeur, chauffieren, der Teenie/Teeny
ee:	der Evergreen, der Spleen, der Teenager
eau:	das Niveau, das Plateau, das Tableau, der Beau (Schöner), die Beaufort-Skala
ot:	das Depot, das Trikot, das Jabot (Spitzenrüsche)
eu:	adieu, das Milieu; der Akteur, der Dekorateur, der Ingenieur, das Malheur, der Monteur, der Provokateur, der Redakteur, der Regisseur; die Balletteuse, die Dompteuse, die Masseuse, die Souffleuse, Chartreuse
oo:	der Boom, der Swimmingpool, cool, das/der Zoom, die Highschool, das Tool
ou:	der Journalist, das Rouge, die Route, souverän, der Boulevard, die Boutique
y:	die Analyse, die Hymne, die Physik, das System, der Typ; die Symbiose, synchron; dysfunktional; hyperkorrekt, die Dialyse, der Polyp
an:	die Branche, die Chance, die Orange, die Renaissance, die Revanche, die Trance
ant:	die Avantgarde, das Pendant, das Restaurant, der Sergeant
en:	engagiert, das Ensemble, das Entree, das Pendant, das Rendezvous
ent:	das Abonnement, das Engagement, das Arrangement, das Etablissement
eint:	der Teint
in:	das Bulletin, das Dessin, das Mannequin, der Satin (Stoff), das Bassin, der Cousin
on:	die Annonce, das Chanson, das Pardon, der Blouson
um:	das Parfum
ou:	die Couch, der Countdown, das Foul, der Sound, die County, der Underground
ow:	der Cowboy/das Cowgirl, die Power, das Powerplay
i:	Lifetime, die Pipeline, die Deadline
igh:	das Copyright, high, der Starfighter, Lightscribe (Brennmodul), der Fight
y:	das Nylon, das Recycling
oy:	der Boy, die Boygroup, der Cowboy, der Boykott
oi:	die Memoiren, das Repertoire, das Reservoir, das Trottoir; die Toilette

Manchmal dürfen die fremdsprachige und die dem Deutschen angepasste Schreibung nebeneinander verwendet werden (Doppelschreibungen). Trotzdem: Üben und einprägen!

ai – ä:	die Drainage – Dränage, die Mayonnaise – Majonäse, der Mohair – Mohär, die Polonaise – Polonäse
é – ee:	der Bouclé – Buklee, das Doublé – Dublee, das Exposé – Exposee, das Café (= Gasthaus) – der Kaffee (= Getränk), das Kommuniqué – Kommunikee, das Varieté – Varietee
au – o:	die Sauce – Soße
ou – u:	die Bravour – Bravur, das Bouquet – Buket(t), das Doublé – Dublee, der Coupon – Kupon, das Nougat – Nugat

10 Konsonanten (Mitlaute) am Anfang, in der Mitte und am Ende

Allgemeine Schreibung der Konsonanten

- Konsonanten (Mitlaute) im Wort schreibt man entsprechend ihrer Lautung normalerweise so:
  b, ch, d, f, g, h, j, k, l, m, n, ng, p, r, s, sch, t, v, w, qu, x, z

b: backen, der Berg, der Ober, der Säbel
ch: ich, die Tücher; ach, das Buch
d: danken, drei, wedeln, die Parade
f: fast, die Fessel, laufen, die Fusion
g: gehen, der Graben, fragen, elegant
h: das Haus, hinterher, der Ahorn, wehen
j: ja, jucken, das Objekt, der/das Kajak
k: können, der Kuli, die Kanne, blinken, der Konkurs, der Muskel
l: lügen, das Lamm, wählen, palavern
m: mit, der Mond, die Ampel, maximal
n: noch, die Not, das Leinen, normal
ng: der Klang, die Menge, singen, das Bingo
p: petzen, die Puste, die Raupe, probieren
r: reiten, die Raupe, die Ware, die Zitrone
s (stimmlos): skandalös, der Skrupel, der Skater, hastig, der Mops
s (stimmhaft): die Sonne, einseifen, rasen, der Laser
sch: schön, die Schale, waschen, die Asche
t: das Tor, tun, hart, total
v: viel, ver- (Vorsilbe), Nerven
w: wer, wiegen, die Möwe, ewig
qu: quälen, quer, die Qualität, liquid
x: Xaver, das Xylophon, boxen, toxisch
z: zahm, der Zaun, die Wanze, speziell, ranzig, zehn, die Ziege

Nach *l, n, r,* das merke ja, steht nie ***tz*** und nie ***ck***.
Aber bei von Eigennamen abgeleiteten Begriffen möglich:
das Max-Planck-Institut, plancksches Strahlungsgesetz; das Hertz (physikal. Maßeinheit), das Kilohertz, das Megahertz, das Terahertz; der Chintz (Baumwollgewebe)
bedeutende Personennamen:
Bismarck (Politiker), Buchholtz (Schriftsteller), Gentz (preuß. u. österr. Beamter), Goltz (Kunsthändler), Holck (kaiserl. Feldmarschall), Königsmarck (Graf im 30-jähr. Krieg), Starck (Designer)

Konsonantenverhärtung und Wortausgang auf -ig

- Bei den meisten dieser Wörter kann man die Schreibung durch Ableiten bzw. Erweitern leicht herausfinden.

das Lob – loben, der/das Biotop – die Biotope;
das Bad – die Bäder – baden, der Specht – die Spechte;
heilig – die Heiligen, freundlich – freundliche Leute

Die Vorsilben end- und ent-

- Wenn man unsicher ist, ob man die Vorsilbe *end-* oder *ent-* schreiben muss, prüft man die Verwandtschaft mit dem Wort *Ende*. Lässt sie sich eindeutig herstellen, ist der Fall klar.

en(?)los → ohne En**d**e → en**d**los
En(?)station → Station am En**d**e → En**d**station
en(?)kommen → hat nichts mit „Ende" zu tun → en**t**kommen
en(?)kräftet → ohne Kraft → en**t**kräftet

Bei einer kleinen Gruppe von Wörtern ist es schwierig, Erweiterungen durchzuführen. Am besten: Üben und einprägen!

b: a**b**, der Her**b**st, hü**b**sch, der Le**b**kuchen, o**b**, das O**b**st, der Ple**b**s (das Volk, der Pöbel), das Re**b**huhn
d: morgen**d**lich, re**d**lich, ihr sei**d** – sie sin**d**, un**d**, Jugen**d**
f: **f**lugs
g: je**g**lich, die Ju**g**end, we**g**, der Vo**g**t
s: der Rei**s** (ein Getreide), das Rei**s** (kleiner, dünner Zweig), der Kie**s**, prei**s**geben, wei**s**sagen (vorhersagen), nasewei**s** (vorlaut)
t: sei**t** (seit gestern)

Eine Wettervorhersage
Vorhersage für heute: Im Voraussagegebiet zunächst mäß**ig** warm, dabei ört**lich** **end**lich auch freund**lich** und sonn**ig**. Nörd**lich** von Mosel und Main nachmittags zunehmend wind**ig**, manchmal auch bö**ig**; gelegent**lich** Schauertät**ig**keit. Abends und nachts teils wolk**ig** und regner**isch**, allgemein unbeständ**ig**.
Süd**lich** und **ent**lang der Mosel-Main-Linie sowie im südöst**lich**en Bereich bis Mittag noch beständ**ig**. Später ört**lich** **end**loser, schauerart**ig**er, zum Teil auch gewittr**ig**er Niederschlag. In Alpennähe merk**lich** kühler, **Ent**faltung von Bodenfrost mög**lich**. Nachts **ent**weder vollständ**ig** bedeckt oder strichweise nebl**ig**.
Vorhersage für die nächsten Tage: Am Dienstag schwach wind**ig** und unbeständ**ig**. **Ent**gegen bisheriger Annahmen vorläuf**ig** wen**ig** Wetteränderung.
Inländ**isch**e Reisegebiete: Nörd**lich**es Deutschland und west**lich**e Ostsee mit stünd**lich** drehendem Wind. Starke Abkühlungen mög**lich**, teilweise schlagart**ig** und **ent**scheidend. – Schwarzwald und Bodensee vorläuf**ig** unveränder**lich**. Mittags regelmäß**ig** lieb**lich**: um 20 Grad. – Im übr**ig**en Deutschland saisonmäß**ig** unbeständ**ig**. Insgesamt schon wesent**lich** kühler, jedoch kaum frost**ig**.

11 Besonderheiten bei den *s*-Lauten

Das scharfe *s*

- Das stimmlose s („das scharfe s“) wird nach langem Vokal (Selbstlaut) oder nach Diphthong (Zwielaut) als *ß* geschrieben, wenn kein weiterer Konsonant (Mitlaut) im Wortstamm folgt.
  - *das Maß*: *a* ist ein lang gesprochener Vokal, es folgt kein weiterer Konsonant
  - *beißen*: *ei* ist ein Diphthong, es folgt kein weiterer Konsonant
  - *scheußlich* (scheuß|lich): *eu* ist ein Diphthong, der folgende Konsonant gehört nicht zum Wortstamm
  - *schließlich* (schließ|lich): *ie* ist ein Diphthong, der folgende Konsonant gehört nicht zum Wortstamm

Wörter mit ß		Wörter mit s		
die Straße	heißen	der/das Mus	löslich	das Verlies
zweckmäßig	scheußlich	in Saus und Braus	religiös	der Fries
groß	die Soße (Sauce)	aus	leblos	der Mais
größer	preußisch	das Haus	das Moos	das Eis
die Größe	verdrießlich	das Häuschen	er las – lesen	der Reis
die Buße	schweißen	häuslich	dies	der Greis
der Fuß	meine Süße	die Maus	die Laus	der Beweis
büßen	weißlich	der Preis	das Paradies	der Kreis
draußen	weißen/weißeln	preiswert	der Kies	der Preis
das Sträußchen	unumstößlich	das Zeugnis	das Los	das Gelöbnis

Großschreibung des scharfen *s*

- Für verschiedene Druckschriftarten existiert seit dem Jahr 2007 auch ein großgeschriebenes ß. Die offiziellen Rechtschreibregeln sehen allerdings die Umschreibung durch ein großes Doppel-s vor.

die Straße – die Strasse – DIE STRASSE
draußen – draussen – DRAUSSEN
beißen – beissen – BEISSEN
= Schreibung in der Schweiz

Das Doppel-*s* (*ss*)

- Nach kurzem Vokal (Selbstlaut) steht *ss*.
  das Fass – des Fasses
  (→ Seite 4)

Bus – Atlas – Kaktus

Wörter mit ss	aber: mit s	aber: Wörter auf -is	aber: Fremdwörter
das Fass – des Fasses	das (Kind)	das Bildnis	der Bus
wässrig/wässerig	was	die Erlaubnis	der Atlas
passen – es passt – passend	des	das Ergebnis	die Ananas
essen – es isst – iss! – esst!	bis	das Gelöbnis	der Ganges
der Biss – gebissen – das Gebiss	es	des Verlöbnis	das Chaos
ein bisschen	etliches	das Geheimnis	das Epos
das Schloss – die Schlösser	indes	die Wildnis	der Kosmos
ich schloss – sie schloss ab	eines	das Geständnis	der Rhythmus
der Fluss – die Flüsse	einiges	das Bündnis	der Kaktus

das und dass

- *das* kommt in drei unterschiedlichen Verwendungen vor:
  - 1. als Artikel (Geschlechtswort)
    ***das** Land, **das** Bad, **das** Kind*
  - 2. als Relativpronomen (bezügliches Fürwort)
    *Es gibt **ein Land**, **das** ich gern besuchen möchte.*
  - 3. als Demonstrativpronomen (hinweisendes Fürwort):
    *Ein tolles Buch! **Das** (= dieses) musst du lesen.*
- *dass* kommt **nur als Konjunktion** (Bindewort) vor: *Ich glaube, **dass** du lügst.*
  (→ Seite 26)

Taubildung
Wie kommt es, **dass** das Gras, **das** tagsüber noch staubtrocken war, bereits am Abend für nasse Schuhe sorgt? Und **das** nach einem warmen Sommertag! Je wärmer **das** Wetter tagsüber wird, desto mehr Wasser nimmt die Luft auf. **Das** geschieht bis zum sogenannten Taupunkt. In windschwachen Nächten kühlen Bodenoberfläche und Pflanzen besonders stark ab, **sodass** (so dass) auch die Umgebungstemperatur fällt. **Das** beeinflusst die Lufttemperatur so, **dass** deren Taupunkt fällt. Anstatt **dass** nun aber der gespeicherte Wasserdampf verfliegt, schlägt er sich als Tau im Gras nieder. **Das** Ganze nennt man Kondensation; **das** Phänomen setzt sich fort, solange die Temperatur weiter absinkt. **Das**selbe findet übrigens an einem Gefäß statt, **das** man aus dem Kühlschrank nimmt. An seiner Oberfläche schlägt sich sofort Kondenswasser nieder, **das** der Umgebungsluft entzogen wird. **Dass** in der Wüste die nächtliche Taubildung eine besonders große Rolle spielt, ist einleuchtend. **Das** Mittel der errechneten Taumengen in Europa beträgt etwa vier Prozent der Jahresniederschläge.

12 Eigenheiten der f- und x-Laute

Besonderheiten bei f und v

- Der f-Laut wird normalerweise als *f* geschrieben.
- In den Vorsilben *ver-* und *vor-* sowie in einigen anderen Wörtern schreibt man dagegen *v*.

F/f		ver-		vor-	V/v	
falsch	giftfrei	verabreden	die Vergesslichkeit	vorbei	der Vater	die Vettel
fällig	die Hefe	verachten	verhasst	vorbestraft	väterlich	der Vogt (ehem. Verwalter)
der Fehler	das Sofa	verändern	verlässlich	vorlesen	das Veilchen	das Volk
fertig	greifen	veranlassen	verloren gehen	voreilig	der Vetter	voll (aber: füllen)
der Falke	laufen	verantwortungsbewusst	der/die Vermisste	im Vorhinein	das Vieh, viehisch	das Völlegefühl
fein	der Mief	verblasst	verpasst	die Vorliebe	viel, vielmals	von
fest	der Ofen	verbläuen	der Verschluss	der Vorschuss	vielleicht	vor, vordere, vorn
formal	der Ruf	der Verdruss	der/das Verdienst	vormittags	vier, vierzig	der Frevel (Verstoß)
der Hafen	das Schaf	verdrießlich	ich vermassle	der Vorsteher	vierzehntägig	der Nerv
die Fusion	tief	verderblich	der Verbiss	vorwärts	das Vlies (Rohwolle)	nervig
der Zufall	gereift		im Verborgenen	vorzeiten	der Vogel	

v in Fremdwörtern

- In Fremdwörtern und in einigen Entlehnungen aus fremden Sprachen schreibt man regelmäßig *v*. Dabei kommen häufig Endungen auf *-iv* und *-ive* vor.

v	Endungen -iv und -ive:
privat	relativ – die Relativität
die Revolution	der Detektiv – die Detektive
die Universität	motiviert – die Motivation
das Virus	die Initiative – die Initiativen
zivil	die Perspektive – die Perspektiven
die Malve (Heilpflanze)	respektive (beziehungsweise)
die Vase	inklusiv – inklusive
die Vene	Legislative und Exekutive
der/das Voucher	die Alternative

Besonders einprägen:
die Feile (Werkzeug)
die Pfeile (Geschosse)
das Veilchen (Blume)
fertig, fertigbringen,
fertig machen,
die Fertigung
fermentieren
fertil (fruchtbar)
fordern, die Forderung
die Forke (Heugabel), forkeln

in einigen Gegenden spricht man w, in anderen v/f:
die Initiative, initiativ werden
das Klavier
die Larve
das Pulver
evangelisch
der Vers
die Vesper
der November
brav – brave

Der x-Laut: x, chs, cks oder gs geschrieben

- Den x-Laut schreibt man normalerweise *x*.
- In einigen Wortstämmen und Ableitungen schreibt man ausnahmsweise *chs, cks, gs* oder *ks*.

x	chs	cks	gs	ks
ex, extra, extern, die Oxidation, das Fax, der Sex, mixen, die Axt, die Nixe, die Hexe, das Examen, die Praxis, die Box, juxen, boxen, das Lexikon, explodieren, fix und fertig, Max, Xaver, lax, das Kruzifix, die Krux/Crux (Last, Kummer), x-mal, x-Beine, x-beinig, x-fach, x-förmig, zum x-ten Mal	die Achse, die Achsel, die Büchse, ausbüchsen, der Dachs, die Deichsel, deichseln, die Echse, die Eidechse, das Gewächs, der Wuchs, der Flachs (Pflanze), flachsblond, flachsen (scherzen), der Fuchs, der Lachs, der Luchs, der Ochse, ochsen (schwer arbeiten), sechs, das Wachs, wachsen (mit Wachs glätten), drechseln, das Wachstum, wachsen (größer werden), wüchsig, der Wechsel, wechseln, die Weichselkirsche, die Schweinshachse (süddeutsch auch: Schweinshaxe)	klecksen, der Klecks, hinterrücks, schnurstracks, stracks, der Knicks, zwecks, die Kuckucksuhr, mucksmäuschenstill, der Mucks, der Glücksritter, das/der Häcksel (geschnittenes Stroh), augenblicks	anfangs, mittags, ringsherum, werktags, blindlings, vormittags, neuerdings, geradewegs, unterwegs, rittlings, du legst, du hegst, du jagst, eingangs, du hingst (von hängen), eingangs, allerdings, flugs, bäuchlings, durchwegs, geradewegs, keineswegs, halbwegs, festtags, dienstags, alltags	der Keks, der Schlaks, schlaksig, der Murks, der Koks, der Volkswagen, die Tanks, du hinkst (von: hinken), wegen des Streiks, links, der Runks (Rüpel)

13 Konsonantenschreibung bei Fremdwörtern

Preziosen/Pretiosen

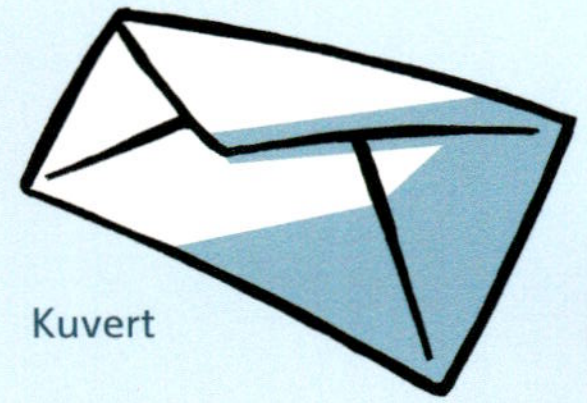

Kuvert

Bouquet/Bukett

Cello

Fotografie/Photographie

Manchmal dürfen die fremdsprachige und die dem Deutschen angepasste Schreibweise nebeneinander verwendet werden. – Trotzdem: Üben und einprägen!

ph – f:	Biografie – Biographie, Graphik – Grafik, Mikrophon – Mikrofon, Orthographie – Orthografie, Fotografie – Photographie; Delfin – Delphin, fantastisch – phantastisch
gh – g:	das Ghetto – das Getto, der Joghurt – der Jogurt, die Spaghetti – die Spagetti
y – j:	die Yacht – die Jacht, der/das Yoga – Joga, die Majonäse – die Mayonnaise
c – k:	die Caritas – die Karitas, der Code – der Kode, codieren, kodieren, circa – zirka
qu – k:	das Bouquet – das Bukett, das Kommuniqué – das Kommunikee, die Boutique – Butike
rh – r:	der Katarrh – der Katarr, die Myrrhe – die Myrre, die Hämorrhoiden – die Hämorriden
c – ss, ß:	die Facette – die Fassette, das Necessaire – das Nessessär, die Sauce – die Soße
ch – sch:	die Anchovis – die Anschovis (kleine Sardelle), der Chicorée – der Schikoree, der/das Ketchup – der/das Ketschup, der Sketch – der Sketsch, charmant – scharmant
th – t:	die Kathode – die Katode, der Panther – der Panter, der Thunfisch – der Tunfisch
c – z:	das Acetat – das Azetat, der Calcit – der Kalzit (Kalkspat), das Penicillin – das Penizillin, circa – zirka, die Cellulose – die Zellulose, das Cäsium – das Zäsium (Metall)
t – z:	pretiös – preziös (kostbar), die Pretiosen – die Preziosen (kostbare Schmuckstücke); potentiell – potenziell (von: die Potenz), substantiell – substanziell (von: die Substanz)

Neben den auf Seite 9 schon aufgeführten Schreibungen gibt es in Fremdsprachen besondere Zuordnungen. – Am besten: Üben und einprägen!

ph:	die Atmosphäre, die Metapher (übertragene Bedeutung), die Philosophie, die Physik
c:	der Clown, der Container, die Crew; das Aceton/Azeton, Celsius, das Cellophan; das Cello, das Cembalo
c, ce:	die Annonce, die Chance, die City; die Renaissance, der Service
ch:	das Chaos, der Charakter, das Chlor, christlich; der Chip, der Coach, die Ranch; der Champignon, die Chance, charmant, der Chef/die Chefin
g:	das Genie, der Ingenieur/die Ingenieurin, die Loge, der Passagier, das Regime; die Blamage, die Garage; der Gentleman, der Gin, der Manager, der Teenager
gn:	der Champagner, die Kampagne, die Lasagne
ge, dge:	das College, das Bridge (Spiel)
j:	die Jalousie, der Jargon, jonglieren, der Journalist/die Journalistin; der Jazz, die Jeans, der Job, der Pyjama
ll:	das Billard, die Bouillon, brillant, die Guerilla, die Medaille, der Pavillon, die Taille
qu:	das Mannequin, die Queue (Schlange; Billardstock)
rh:	die Rhapsodie (Musikstück), der Rhesusfaktor (Merkmale der roten Blutkörperchen)
rt:	das Dessert, das Kuvert, das Ressort
sh:	die Geisha, der Sheriff, der Shop, die Shorts
t (+ Vokal):	die Funktion, die Nation, die Produktion; die Aktie, partiell (teilweise), infektiös
th:	das Ethos, die Mathematik, das Theater, die These
v:	das Virus, zivil, die Initiative, innovativ

Es hilft oft, die Fremdwörter nach ihrer Herkunftssprache zu bestimmen. Damit sind nämlich ganz typische Schreibungen verbunden.

englisch (sh, j, gh, dg, c):	die Shorts, die Jeans, das Highlight, high, das Bridge, der Cup
französisch (ch, qu, gn, nc):	der Champagner, die Provence, die Chance, das Mannequin
griechisch (ph, th, ch, rh):	die Physik, die Chemie, der Chirurg, die Apotheke, das Chaos, der Chor
italienisch (c, cc, ch, gh, gi, sc, zz):	der Chianti, die Spaghetti (Spagetti), Lamborghini, das Girokonto, die Pizza
lateinisch (c, t, x):	extern, extrem, der Exitus (Tod), potentiell (potenziell), codieren (kodieren)

14 Getrennt oder zusammen: Verbindungen des Verbs mit anderen Wortarten und Zusätzen 1

Übergeordnete Regelungen

- Der Regelbereich Getrennt- und Zusammenschreibung betrifft Wörter, die in einem Text unmittelbar nebeneinanderstehen und sich aufeinander beziehen.
- Gehören sie zu einer Wortgruppe (ein lockerer Verbund, z. B. *sehr schwer verständlich*), schreibt man sie getrennt.
  Gehören sie dagegen zu einer Zusammensetzung (enger Verbund, z. B. *schwerverständlich*), schreibt man sie zusammen.
- Manchmal bilden sie sowohl eine Wortgruppe (*sehr schwer verständlich = kaum zu hören*) als auch eine Zusammensetzung (*schwerverständlich = schwer zu begreifen*).
  Dabei wird dem Sprechgebrauch gefolgt und der übertragen gemeinte Ausdruck zusammengeschrieben. (Orientierung an Traditionen des Deutschen zur Zusammenschreibung.)
- In vielen Fällen sind sowohl Getrennt- als auch Zusammenschreibung möglich, weil man oft kaum zwischen Wortgruppen und Zusammensetzungen unterscheiden kann.
- Grundsätzlich ist davon auszugehen, dass die Getrenntschreibung der Wörter der Normalfall ist. Geregelt ist demnach hauptsächlich die Zusammenschreibung.

Zusammen: untrennbare Zusammensetzungen mit einem Verb

- Die Reihenfolge der einzelnen Bestandteile bleibt stets unverändert, egal wie die Zusammensetzung in einem Satzzusammenhang verwendet wird.
  hinter + gehen → hintergehen (= betrügen)
  er hintergeht sie, sie hinterging ihn, sie haben sich beide hintergangen – Also: Zusammenschreibung

Verb und Nomen (Substantiv)	Adjektiv und Verb
maßregeln (Maß + regeln)	vollenden (voll + enden)
handhaben (Hand + haben)	frohlocken (froh + locken)
schlussfolgern (Schluss + folgern)	langweilen (lang + Weile)
lobpreisen (Lob + preisen)	liebäugeln (lieb + äugeln = blicken)
brandmarken (Brand + markieren)	vollbringen, vollenden
nachtwandeln, schlafwandeln	weissagen (= vorhersagen)

schlafwandeln

Zusammen: untrennbar wegen besonderer Betonung

- Ist der zweite Bestandteil einer Zusammensetzung betont, wird immer zusammengeschrieben:
  *unter**stellen** (= behaupten);* aber: *sich **unter**stellen (bei Regen)*
  Er unterstellt mir das einfach.
  Bei Regen stelle ich mich einfach unter.

eine Regel durch**brechen**, er durch**brach** die Regel, um die Regel zu durch**brechen** (aber: einen Ast **durch**brechen)
hinter**gehen** (= betrügen; aber: **hinter** gehen = nach hinten gehen)
über**setzen** (ins Englische übersetzen; nicht: **über**setzen = ein Gewässer überqueren – ich setze über)
um**fahren** (einen Baum umfahren; nicht: einen Baum **um**fahren = zerstören – ich fahre um)
unter**stellen** – er unter**stellte** – er hat unter**stellt** (aber: **unter**stellen – sie stellte sich **unter** ...) – ich stelle mich unter
wider**sprechen** – er wider**sprach** – wider**sprochen**
wieder**holen** – es wieder**holte** – wieder**holt**

Zusammen: Verbindungen mit verblassten Bestandteilen

- Zusammensetzungen mit Wortbestandteilen, deren Sinn/Inhalt nicht mehr erkennbar/verblasst ist, schreibt man zusammen:
  Preis + geben → preisgeben (= ausliefern)
  über + Hand + nehmen → überhandnehmen (= ausarten)

eislaufen, kopfstehen, leidtun, nottun, standhalten; heim- (heimbringen, heimsuchen, heimzahlen); irre- (irreführen, irreleiten, irrewerden); statt- (stattfinden, stattgeben, statthaben); teil- (teilnehmen, teilhaben); wunder- (wundernehmen); wett- (wettmachen, ich mache wett, wettgemacht); abhanden- (abhandenkommen = verlorengehen); anheim- (anheimstellen, anheimfallen, anheimgeben); fürlieb- (fürliebnehmen = sich mit etwas zufriedengeben), fürliebgenommen, ich nehme fürlieb); ebenso: bevor-, dar-, einher-, entzwei-, hintan-, inne-, überein-, überhand-, umhin-, vorlieb-, zurecht-

Zusammen: Zusammensetzung mit neuer, idiomatischer Bedeutung

- Hat die Zusammensetzung eine neue, übertragene Gesamtbedeutung, die sich nicht direkt aus der Bedeutung der einzelnen Bestandteile erschließen lässt, wird zusammengeschrieben. Ist das nicht klar zu entscheiden, kann getrennt oder zusammengeschrieben werden.

krankschreiben, sich krankärgern, krankfeiern, krankmachen, sich kranklachen (= heftig lachen) (Aber: krank sein, krank werden, sich krank fühlen, sich krank stellen, krank liegen); freisprechen (= den Angeklagten freisprechen), sich feinmachen, festnageln (= festlegen), heimlichtun, kaltstellen (= ausschalten); kürzertreten (= sich einschränken), richtigstellen (= berichtigen), schwerfallen (= Mühe verursachen), leichtfallen (= einfach sein); heiligsprechen, dichthalten (= nichts verraten), madigmachen (= ins Gewissen reden); Achtung! Die Reihenfolge der Wortbestandteile kann im Satz wechseln: sich feinmachen – Sie hat sich sehr **feingemacht**. Sie **machte** sich **fein**.

15 Getrennt oder zusammen: Verbindungen des Verbs mit anderen Wortarten und Zusätzen 2

Zusammen- und Getrenntschreibung möglich

- In verschiedenen Fällen sind beide Schreibweisen möglich: *staubsaugen/Staub saugen*

danksagen/Dank sagen, sie sagte Dank, gewährleisten/Gewähr leisten, Meyer & Co. leisten Gewähr, brustschwimmen/Brust schwimmen, delfinschwimmen/Delfin schwimmen, marathonlaufen/Marathon laufen, achtgeben/Acht geben, aber: sehr achtgeben, allergrößte Acht geben, achthaben/Acht haben, habt Acht!, haltmachen/Halt machen, maßhalten/Maß halten, blank putzen/blankputzen, ich putze … blank, glatt hobeln/glatthobeln, klein schneiden/kleinschneiden, kalt stellen/kaltstellen, kaputt machen/kaputtmachen, leer essen/leeressen, (…)

Bei übertragener Bedeutung auch hier Zusammenschreibung möglich: sitzen bleiben/sitzenbleiben (= nicht versetzt werden), stehen lassen/stehenlassen (= nicht länger beachten), liegen bleiben/liegenbleiben (= nicht erledigt werden), sausen lassen/sausenlassen (= absagen), schleifen lassen/schleifenlassen (= vernachlässigen), ruhen lassen/ruhenlassen (= etwas nicht mehr verfolgen), sterben lassen/sterbenlassen (= etwas beenden), kennen lernen/kennenlernen (= mit jemandem nähere Bekanntschaft machen), (…)

Getrennt in besonderen Fällen: Zusammensetzungen mit einem Verb

- Bestimmte Zusätze können mit einem Verb trennbare Zusammensetzungen bilden: *dazu + kommen → dazukommen*
- Zusammen schreibt man sie nur
  - in Infinitiven (Grundformen)
    Die Mehrwertsteuer wird noch dazukommen.
  - Partizipien (Mittelwörtern)
    hinzukommend, hinzugekommen
  - im Gliedsatz/Nebensatz, wenn dort das Verb am Ende steht.
    Wir weisen darauf hin, dass die MwSt. noch dazukommt.

aber: *Die Mehrwertsteuer kommt dazu.*

Präpositionen als erster Bestandteil:

ab-: **abrechnen** (= Infinitiv), **rechnet** mit ihm **ab**, hat mit ihm **abgerechnet (= Partizip Perfekt),**
an-, auf-, aus-, bei-, durch-, ein-, entgegen-
entlang-: entlanglaufen, sie lief die Straße entlang, wir sahen sie **entlanglaufend** (= Partizip Präsens),
gegen-, gegenüber-, hinter-, in-, mit-, nach-; über-, um-, unter-, vor-
wider-: widersprechen, sie widerspricht ihm, keiner hat ihr widersprochen
zu-, zuwider-; zwischen-;

Adverbien als erster Bestandteil (oft Richtungsangaben):

abwärts-, auseinander-; beisammen-; davon-, davor-, dazu-, dazwischen-; empor-, fort-
her-, heraus-, herbei-, herein-, hin-, hinaus-; hindurch-; hinein-, hintenüber-, hinterher-; hinüber-; nebenher-, nieder-;
rückwärts-; umher-
voran-, voraus-, vorbei-, vorher-, vorweg-; weg-, weiter-, wieder-; zurück-, zusammen-, zuvor-

Getrennt: Verbindungen mit dem Verb *sein*

- Verbindungen mit *sein* gelten nicht als Zusammensetzungen und werden immer getrennt geschrieben.

beisammen sein: Wir **waren** gern **beisammen**. Wann **sind** wir wieder **beisammen**?
Sie freuten sich, wieder **beisammen zu sein**. fertig sein, los sein, vonnöten sein, vorbei sein, vorhanden sein, vorüber sein, zufrieden sein
Merken: ab sein, dabei sein, da sein (aber: das Dasein = Leben), dafür sein, dagegen sein, hinterher sein

zufrieden sein

Getrennt: weitere Fälle

- Es gibt noch eine Reihe anderer Fälle, in denen getrennt geschrieben wird.
  Am besten: Üben und einprägen!

bewusstlos schlagen, rosarot anmalen, alles rosarot sehen,
ganz nahe kommen, dingfest machen,
sich bloß strampeln (Baby),
kalt werden (Essen),
scharf einstellen (Fernglas)

schachmatt setzen

16 Getrennt oder zusammen: Verbindungen mit adjektivischen Bestandteilen

- **Adjektive** (Eigenschaftswörter/Wiewörter) beschreiben Eigenschaften und Merkmale. Sie drücken aus, wie jemand oder etwas ist. Und sie helfen vergleichen: *Es ist ein **großer, seltener** Baum mit **mächtigen** Ästen und **gelbgrünen** Blättern. Er ist **älter** als alle seine **riesigen** Artgenossen in dieser **herrlichen** Umgebung.*
- **Partizipien** (Mittelwörter) nehmen eine Mittelstellung zwischen Verb (Tätigkeitswort/Zeitwort) und Adjektiv ein. Es gibt das 1. Partizip (Partizip Präsens/Präsenspartizip/Mittelwort der Gegenwart) und das 2. Partizip (Partizip Perfekt/Perfektpartizip/Mittelwort der Vergangenheit). – 1. Partizip: *lesen**d**, kommen**d**, zerbröckeln**d**, studieren**d***. – 2. Partizip: *(ich habe) **gelesen**, (du bist) **gekommen**, (es ist) **zerbröckelt**, (wir haben) **studiert***.
- **Partizipien können wie Adjektive gebraucht werden**: *Die **glühende** Sonne schien den ganzen Tag, sodass jeder Erfrischung mit **gekühlten** Getränken oder im **kühlenden** Wasser suchte.*

Zusammen: Wiedergabe durch eine Wortgruppe möglich

- Wenn der erste Bestandteil einer Zusammensetzung auch durch eine ganze Wortgruppe verdeutlichend wiedergegeben werden könnte, wird zusammengeschrieben:
  jahrelang: Sie waren mehrere Jahre lang im Ausland.
  Die farbig hinterlegte Wortgruppe ist ein Satzglied: adverbiale Bestimmung der Zeit (Frage: *Wann? Wie lange?*)

angsterfüllt (= von Angst erfüllt), bahnbrechend (= sich eine Bahn brechend), butterweich (= weich wie Butter), fingerbreit (= einen Finger breit), freudestrahlend (= vor Freude strahlend), herzerquickend (= das Herz erquickend), hitzebeständig (gegen Hitze beständig), knielang (= lang bis zu den Knien), meterhoch (= einen oder mehrere Meter hoch), kilometerweit (= einen oder mehrere Kilometer weit), milieubedingt (= durch das Milieu, die Umstände bedingt), milieugeschädigt (= durch das Milieu, die Umgebung geschädigt), denkfaul (zum Denken zu faul), fernsehmüde (= des Fernsehens überdrüssig), lernbegierig (begierig, etwas zu lernen), röstfrisch (ganz frisch geröstet), schreibgewandt (= geschickt im Schreiben), tropfnass (= tropfend nass), selbstsicher (= von sich selbst überzeugt), altersschwach (= schwach vor Alter), anlehnungsbedürftig (= einer Stütze bedürftig), lebensfremd (= untüchtig, das Leben zu bewältigen), sonnenarm (= wo selten die Sonne scheint), werbewirksam (= Interesse erweckend)

Zusammen oder getrennt: Üben und einprägen!

ein Rat suchender Schüler/ratsuchender Schüler
eine allein erziehende Mutter/alleinerziehende Mutter
eine klein geschnittene Zwiebel/kleingeschnittene Zwiebel
eine selbst gebackene Torte/selbstgebackene Torte
allgemein gültig/allgemeingültig
eng verwandt/engverwandt
schwer verständlich/schwerverständlich
schwer krank/schwerkrank
dicht bevölkert/dichtbevölkert
treu sorgend/treusorgend

Zusammen: weitere adjektivische Zusammensetzungen

Es gibt noch eine Reihe anderer Fälle, in denen zusammengeschrieben wird.

- Der erste oder zweite Teil kann nicht allein stehen.
- Zusammenschreibung mit dem Partizip
- nebengeordnete Adjektive
- Der erste Teil verstärkt oder schwächt ab.
- mehrteilige Zahlen (Grundzahlen unter einer Million)

Am besten: Üben und einprägen! Manche der Zusammensetzungen sind schon am Fugenelement zu erkennen: *alter**s**schwach, sonne**n**arm, werb**e**wirksam*

Ein Teil kann nicht allein stehen: einfach, zweifach; letztmalig, redselig, schwerstbehindert, schwindsüchtig; blauäugig, großspurig, kleinmütig, der schwerwiegendere Grund, eine zeitfressende Arbeit
Zusammenschreibung mit dem Partizip: weh**klagend**; herab**fallend**, herab**gefallen**; irre**führend**, irre**geführt**; teil**nehmend**, teil**genommen**
nebengeordnete Adjektive: gelbgrün, feuchtwarm, taubstumm, dummdreist
Der erste Teil verstärkt oder schwächt ab: **bitter**kalt, **brand**aktuelle, **erz**konservativ, **früh**reif, **gemein**gefährlich, **hyper**aktiv, **minder**wertig, **grund**solide, **lau**warm, **stock**steif, **tod**müde, **ur**gemütlich, **voll**reif
mehrteilige Zahlen (Grundzahlen unter einer Million): fünfzehn, fünfhundert, neunzehnhundertvierundvierzig; der dritte Oktober, der neunzigste Geburtstag, der viermillionste Besucher
aber: ein Dutzend Eier, eine Million Besucher, drei Milliarden zweihunderttausend Chinesen

Getrennt: erweitert oder gesteigert

- Wenn der erste Bestandteil der Verbindung erweitert oder gesteigert ist, wird getrennt geschrieben. (→ Seite 18)
- Manchmal kommt es auf die Betonung (Akzentplatzierung) an.

Erweiterung – Steigerung: ein schwerwiegendes Verbrechen – ein **besonders** schwer wiegendes Verbrechen – ein schwer**er** wiegendes Verbrechen; leichtverdaulich – **sehr** leicht verdaulich – leicht**er** verdaulich
Abhängigkeit von der Betonung: eine **höchst**persönliche Angelegenheit – eine höchst **persönliche** Angelegenheit, eine **höchst**peinliche Angelegenheit – eine höchst **peinliche** Angelegenheit

Bei Verbindung von nicht mit Adjektiven sind beide Schreibweisen möglich:
eine nicht öffentliche Verhandlung
eine nichtöffentliche Verhandlung
Aber in Verbindung mit einer größeren Einheit:
Die Verhandlung war nicht öffentlich.

17 Getrennt oder zusammen: Verbindungen mit Nomen (Substantiven)

Zusammen: Zusammensetzungen mit Nomen (Substantiven)

- Verschiedene Wortarten* und Verbstämme können zusammen mit Nomen (Substantiven) Zusammensetzungen bilden.

* Nomen/Substantive, Adjektiv/Eigenschaftswörter, Pronomen/Fürwörter, Partikeln/nicht beugbare Wörter)

Nomen am Anfang: der Feuerstein, das Lebenswerk, der Apfelbaum, der Wasserstoff, das Monatsgehalt, der Sonntagmittag
Adjektiv am Anfang: das Hochhaus, die Kurzarbeit, die Freileitung, die Schnellstraße, die Kaltschale, der Braunbär
Verb am Anfang: der Schreibtisch, die Turnabteilung, die Waschmaschine, die Schöpfkelle, die Spülmaschine, das Zeichenbrett
Pronomen am Anfang: die Ichform, die Ichsucht (= Egoismus), der Ichlaut, die Icherzählerin; der Werfall (1. Fall/Nominativ), das Niemandsland
Partikeln am Anfang: der Nachmittagsunterricht, die Nichtraucherin, die Jetztzeit, die Selbstüberschätzung, das Entgegenkommen

Zusammen oder getrennt: Bruchzahlen und Substantivierungen

- **Getrennt oder zusammen** können Bruchzahlen vor Maßeinheiten geschrieben werden. (Die Betonung hilft bei der Entscheidung)
- Mehrteilige Nominalisierungen/Substantivierungen werden **zusammengeschrieben**.

Bruchzahlen vor Maßeinheiten (zweiteiliges Zahladjektiv): drei zehntel Sekunden, siebenundneunzig hundertstel Sekunden
Bruchzahlen vor Maßeinheiten (der Nenner der Bruchzahl bildet mit der Maßeinheit eine Zusammensetzung): drei Zehntelsekunden, siebenundzeunzig Hundertstelsekunden

mehrteilige Nominalisierungen: das Bergsteigen, das Wegsehen, das Inkrafttreten, das Stelldichein, der Kehraus, das Vergissmeinnicht

Begriffe aus dem Englischen

Zusammen: der Diskjockey, der Bandleader, der Cheerleader, der Cheeseburger, der Chewinggum, das Mountainbike, die Bluejeans, die Hardware, die Software, der Swimmingpool

Zusammen oder getrennt – aus dem Englischen stammende Bildungen aus Adjektiv und Substantiv können zusammengeschrieben werden, wenn nur der erste Bestandteil betont wird: das/der **Hot**dog/**H**o**t D**o**g**, der **Soft**drink/**S**o**ft Dr**i**nk**, der **Soft**rock/**S**o**ft R**o**ck**

aber: Electr**o**nic B**a**nking, H**i**gh Soc**i**ety, N**e**w Ec**o**nomy

Der Discjockey mag Softrock (Soft Rock).

Zusammen bzw. getrennt: Eigennamen und Herkunftsbezeichnungen

- Zusammensetzungen mit einer Ableitung auf *-er* von geografischen Namen schreibt man **zusammen**, wenn sie Personen bezeichnen.
- Solche Zusammensetzungen schreibt man **getrennt**, wenn sie die geografische Lage bezeichnen.

Personen: die Schweiz**er**garde (Leibwache des Papstes), schweiz**er**deutsch, das Schweiz**er**deutsch, das Schweiz**er**häuschen (= Sennhütte); der Korinth**er**brief (Apostelbrief an die Korinther), das Röm**er**reich (Herrschaftsbereich der Römer)
Geografische Lage, die Allgäu**er** Alpen, das Brandenburg**er** Tor, der Naumburg**er** Dom, das Potsdam**er** Abkommen, die Glatz**er** Neiße (Fluss), der Thüring**er** Wald, die Wien**er** Straße, der Köln-Bonn**er** Flughafen
aber: der **Brenner**pass, der **Brenner**see, die **Glockner**gruppe, die **Ortler**gruppe, die **Passeier**spitze, der **Karer**pass

Schweizergarde

Schweizer Alpen

18 Getrennt oder zusammen: Verbindungen aus anderen Wortarten

Adverbien (Umstandswörter) bezeichnen z. B. den Ort, die Zeit des Ortes, der Zeit, der Art und Weise, des Grundes, der räumlichen und zeitlichen Beziehung näher.
Adverbien sind z. B.: *Der Hund* ***dort***. (Ort betreffend) – *Sie ruft* ***bald*** *an.* (Zeit betr.) – *Er lief* ***sehr*** *schnell.* (Art und Weise betreffend) – *Der Laden war zu,* ***darum*** *gingen wir wieder.* (Grund betreffend)

Zusammen: mehrteilige Zusammensetzungen

- Mehrteilige Zusammensetzungen* schreibt man zusammen, wenn die Wortart, die Wortform oder die Bedeutung der einzelnen Bestandteile nicht mehr deutlich zu erkennen sind.

* Solche Zusammensetzungen können sein:
- Adverb/Umstandswort
- Konjunktion/Bindewort
- Präposition/Verhältniswort
- Pronomen/Fürwort

(→ Seite 14)

Adverbien:
bergab, bergauf, kopfüber, tagaus, tagein, tagsüber, landaus, landein, stromabwärts, stromaufwärts, zweifelsohne ...
und Adverbien mit diesen Verbindungen:
-dessen: infolgedessen, unterdessen, indessen ...
-dings: neuerdings, schlechterdings ...
-falls: andernfalls, anderenfalls, keinesfalls ...
-halber: ehrenhalber, umständehalber ...
-mal: diesmal, einmal, zweimal; vielmals ...
-maßen: einigermaßen, gleichermaßen ...
-orten: allerorten, mancherorten ...
-orts: andernorts, anderenorts, allerorts ...
-seits: andererseits, einerseits, meinerseits ...
-so: genauso, geradeso, sowieso, umso, wieso ...
-teils: großenteils, meistenteils, einesteils ...
-wärts: meerwärts, seitwärts, ostwärts ...
-wegen: deswegen, meinetwegen ...
-wegs: keineswegs, unterwegs, geradewegs ...
-weil: alleweil, derweil, alldieweil ...
-weilen: bisweilen, zuweilen, derweilen ...
-weise: klugerweise, schlauerweise ...
-zeit: allezeit, derzeit, jederzeit, seinerzeit ...
-zeiten: vorzeiten, zuzeiten, beizeiten ...
-zu: geradezu, hierzu, immerzu, allzu ...
bei-: beinahe, beisammen, beizeiten, beileibe ...
der-: dereinst, dergestalt, dermaßen, derweil ...
irgend-: irgendwann, irgendwie, irgendwo ...
nichts-: nichtsdestoweniger, nichtsdestominder ...
zu-: zumeist, zuallerletzt, zuallermeist, zuerst, zuhauf, zuhinterst, zuweilen, zuzeiten ...
aber: abhandenkommen, anheimfallen ..., außerstand setzen/außer Stand setzen ...
(→ Seite 14 und Zettel rechts)

Konjunktionen (Bindewörter):
anstatt dass, anstatt zu, indem, inwiefern, sobald, sofern, solange, sooft, **soviel**, soweit ...

Präpositionen (Verhältniswörter):
anhand, anstatt des, anstatt der, infolge, inmitten, zufolge, zuliebe ...

Pronomen (Fürwörter):
irgendein, irgendetwas, irgendwas, irgendwer, irgendjemand, irgendwelcher, irgendwelche, irgendwelches

Getrennt: erweiterter Bestandteil

- Man schreibt getrennt, wenn ein Bestandteil erweitert ist.
- Man schreibt ebenfalls getrennt, wenn eine Wortart, Wortform oder die Bedeutung eines einzelnen Bestandteils deutlich erkennbar ist.

ein Bestandteil ist erweitert: dies eine Mal (aber: diesmal), den Fluss aufwärts (aber: flussaufwärts), den Strom abwärts (aber: stromabwärts), der Ehre halber (aber: ehrenhalber), auf keinen Fall (aber: keinesfalls), das erste Mal (aber: erstmals), in bekannter Weise (aber: bekannterweise), irgend so ein (aber: irgendein), irgend so etwas (aber: irgendetwas, irgendwas)
die Wortart, Wortform oder Bedeutung eines Bestandteil ist deutlich erkennbar:
zu Fuß gehen, zu Ende kommen, zu Hilfe eilen, zu Wasser reisen, zu Schaden kommen ..., ohne dass, statt dass, außer dass; zur Zeit (= Nomen/Substantiv erkennbar) der Saurier, zu Zeiten der Saurier (aber: Er hat zurzeit kein Glück. – Man sollte zuzeiten [= Adverb] vorsorgen.) – Es gibt so schöne Blumen. – So viel (= eine Menge) Geld hatte er. – So viele Menschen waren gekommen. – Das war mir zu weit. – Wie weit ist es? – Wir haben zu oft nachgegeben. – Wie oft sollte man üben?
immer getrennt: gar nicht, gar nichts, gar kein, gar keine, gar keiner, gar sehr, gar wohl

Getrennt oder zusammen

Hier bleibt es dem Schreiber überlassen, ob er eine Wortgruppe (= getrennt geschrieben) oder eine Zusammensetzung (= zusammengeschrieben) erkennt.

Fügungen in adverbialer Verwendung
imstande sein/im Stande sein
außerstande sein/außer Stande sein
außerstand setzen/außer Stand setzen
infrage stellen/in Frage stellen
instand setzen/in Stand setzen
zugrunde gehen/zu Grunde gehen
zuhause sein/zu Hause sein
zuhause bleiben/zu Hause bleiben
nachhause gehen/nach Hause gehen
zuleide tun/zu Leide tun
zumute sein/zu Mute sein
zurande kommen/zu Rande kommen
zuschanden machen/zu Schanden machen
zuschanden werden/zu Schanden werden
zuschulden kommen/zu Schulden kommen lassen
zustande bringen/zu Stande bringen
zutage fördern/zu Tage fördern
zutage treten/zu Tage treten
zuwege bringen/zu Wege bringen

Fügungen in präpositionaler Verwendung
aufgrund/**auf** Grund
anstelle/**an** Stelle
aufseiten/**auf** Seiten
mithilfe/**mit** Hilfe,
vonseiten/**von** Seiten
zugunsten/**zu** Gunsten
zuungunsten/**zu** Ungunsten,
zulasten/**zu** Lasten

Konjunktion (Bindewort)
sodass/so dass; alsdass/als dass

19 Schreibung mit Bindestrich: Zusammensetzungen ohne Eigennamen

Zusammensetzungen mit Einzelbuchstaben, Abkürzungen und Ziffern

- Ein Bindestrich wird gesetzt in Zusammensetzung mit
  - Einzelbuchstaben,
  - Abkürzungen,
  - Ziffern.

Einzelbuchstaben		Abkürzungen		Ziffern	
A-Dur	das T-Shirt	der D-Zug	CO_2-versetzt	der 5-Tonner	der ¾-Takt
b-Moll	x-beliebig	der Kfz-Mechaniker	Ca-haltig	der 4-Zylinder	18-jährig
die α-Strahlen	o-beinig	der UNO-Sicherheitsrat	UV-bestrahlt	8-mal	der 1:0-Sieg
(= Alphastrahlen)	x-mal	die Fußball-EM	die UV-Bestrahlung	4-silbig	die 0:1-Niederlage
der i-Punkt	die y-Achse	die SPD-Baracke	der Abt.-Leiter	100-prozentig	der 2:1-[2:0-]-Sieg
die S-Kurve	das Fugen-s	das CDU-Haus	das Ing.-Büro	1½-zeilig	der 2:1-[2:0]-Sieg
der k-Laut	das Dativ-e	die Lungen-Tbc	die VIP-Lounge	die ⅔-Mehrheit	das 2^n-Eck

Bindestrich in verschiedenen Zusammensetzungen

In verschiedenen anderen Zusammensetzungen wird ebenfalls ein Bindestrich gesetzt.

- Einzelbuchstabe + Endsilbe
- Ziffer(n) + Endsilbe
- substantivisch gebrauchte Zusammensetzungen
- mehrteilige Zusammensetzungen

5-Cent-Stück — 50-Cent-Briefmarke — Berg-und-Tal-Bahn

Einzelbuchstabe + Endsilbe	Ziffer(n) + Endsilbe	substantivisch gebrauchte Zusammensetzungen	mehrteilige Zusammensetzungen
zum x-ten Mal der x-te Besucher die n-te Potenz aber: ein CSUler eine SPDlerin ein 12tel ein 64tel 12fach 100%ig	die 100stel-Sekunde der 21er-Monitor eine 5er-Gruppe die goldenen 20er-Jahre/20er Jahre aber ausgeschrieben: die Hundertstelsekunde/hundertstel Sekunde eine Fünfergruppe die goldenen Zwanzigerjahre/zwanziger Jahre	das Entweder-oder das Teils-teils, das Sowohl-als-auch, das Als-ob das Make-up das Walkie-Talkie das Auf-die-lange-Bank-Schieben das Von-der-Hand-in-den-Mund-Leben das In-den-Tag-hineinleben aber: das ewige Hin und Her das Walzertanzen, das Ballspielen, das Autofahren, das Sichausweinen	die A-Dur-Tonleiter, α-Strahlen-gefährdet (aber: strahlengefährdet) S-Kurven-reich (aber: kurvenreich) das 5-Euro-Stück, die 4-Zimmer-Wohnung, die ½-kg-Packung, der K.-o.-Schlag (aber: k. o. schlagen), die 30-Stunden-Woche, die 55-Cent-Briefmarke, die Berg-und-Tal-Bahn, das Kopf-an-Kopf-Rennen, die Hals-Nasen-Ohren-Klinik (aber: HNO-Klinik), der Erste-Hilfe-Lehrgang, das Go-go-Girl, die Mai-Juni-Ausgabe, der Dipl.-Ing.-Agr., die Mund-zu-Mund-Propaganda, der Trimm-dich-Pfad

Zur Verbesserung der Übersichtlichkeit

- Zusätzlich hat man beim Schreiben sehr oft die Freiheit, den Bindestrich zur Hervorhebung einzelner Wortbestandteile, zur Verbesserung der Übersichtlichkeit und zur Vermeidung von Missverständnissen einzusetzen. (Man spricht hier auch vom Erläuterungs-Bindestrich.)

Druckerzeugnis?

Drucker-Zeugnis — Druck-Erzeugnis

Klärungen	mehrgliedrige Fremdwörter
das Nach-Denken (das Nachdenken)	der/das Blackout/Black-out
be-greifen (= *begreifen* besonders betont)	das Comeback/Come-back, der Countdown/Count-down
der dass-Satz	der Knockout/Knock-out (Abkürzung: K. o.)
der Ich-Erzähler	der Stand-by-Flug/Standby-Flug
die Soll-Stärke	der Fall-out/Fallout (= radioaktiver Niederschlag)
die Lotto-Annahmestelle	das Hand-out/Handout (= Informationsunterlage)
das Software-Versandhaus	das Multiple-Choice-Verfahren/Multiplechoiceverfahren
die Ultraschall-Untersuchung	das Open-Air-Konzert/Openairkonzert
re-integrieren (= wieder integrieren)	aber:
ein Musiker-Leben (= Leben eines Musikers)	die Bigband/Big Band, die Blackbox/Black Box
ein Musik-Erleben (= Erlebnis einer Musikvorführung)	das Fairplay/Fair Play, das/der Hotdog/ Hot Dog
das Drucker-Zeugnis (Zeugnis eines Druckers)	der/das Smalltalk/Small Talk
das Druck-Erzeugnis (etwas Gedrucktes: ein Buch, eine Zeitung usw.)	(Zusammentreffen von drei gleichen Buchstaben: → Seite 4)

20 Schreibung mit Bindestrich: Zusammensetzungen mit Eigennamen

Zusammensetzungen mit Eigennamen

- In Zusammensetzungen, die mindestens einen Eigennamen (Vornamen, Nachnamen, geografische Namen usw.) enthalten, setzt man einen Bindestrich.

Anne-Kathrin
Herr Karl-Heinz Thiele
Frau Ursula Müller-Knorr
der Meyer-Sepp, Udo van der Wolk

die Firma Möbel-Schulze
Blumen-Meyer
Nordrhein-Westfalen
Baden-Württemberg

Mecklenburg-Vorpommern
Rheinland-Pfalz
Schleswig-Holstein
Sachsen-Anhalt

Neu-Bamberg
Alt-Wien
Spree-Athen (= Berlin)
Rostock-Laage

Abweichende Zusammensetzungen mit geografischen Eigennamen

- Personennamen und geografische Eigennamen weichen oft von der Regel ab und werden dann ohne Bindestrich geschrieben. (Das kann auch heißen, dass sie zusammengeschrieben werden.)

Anne Kathrin (auch: Annekathrin) ➡ siehe oben
Karl Heinz (auch: Karlheinz) ➡ siehe oben
Udo van der Wolk
Ulrich Graf Hardenberg
Alt Bartelsdorf, Altötting,
Groß Grabow, Großfalka
Neu Falkenhagen, Neufeld
Neubrandenburg (Stadt)

Neureuth
Neu Seehagen
Neubraunschweig (kanadische Provinz)
Markt Hartmannsdorf
Marktoberdorf
Marktredwitz
Stadtoldendorf
Südamerika

Königs Wusterhausen, Königslutter
Sankt Augustin (St. Augustin)
Bad Nenndorf, Bad Wildungen

Gattungsbezeichnungen
die Heulsuse, der Meckerfritze,
der Grußaugust, die Lotterliese
die/das Gänseliesel (Göttinger Brunnenfigur)

Ableitungen von Eigennamen

- Bei Ableitungen von Verbindungen mit Eigennamen bleibt der Bindestrich erhalten.

Am besten: Üben und einprägen!

nordrhein-westfälisch (von: Nordrhein-Westfalen)
baden-württembergisch
mecklenburg-vorpommerisch
rheinland-pfälzisch
schleswig-holsteinisch
sachsen-anhaltisch/sachsen-anhaltinisch

alt-wienerisch, das Alt-Wiener Kaffeehaus
der Spree-Athener (= Bürger von Berlin)
die sankt-gallischen Klosterschätze (= st.-gallischen Klosterschätze, von: Sankt Gallen/St. Gallen)
die gräflich-Hardenbergschen Güter (von: Graf Hardenberg; auch: die Gräflich-Hardenberg'schen Güter)

Eigennamen und Hervorhebungen

- Bei mehrteiligen Zusammensetzungen, deren erste Bestandteile Eigennamen sind, setzt man Bindestriche. (Das sind meist Straßennamen u. Ä.)

die Albert-Einstein-Straße
die Ina-Seidel-Chaussee
der Friedrich-Hölderlin-Platz
die Nelly-Sachs-Gasse
der Karl-May-Steig

der Main-Donau-Kanal
der Ems-Weser-Elbe-Kanal
die Oder-Neiße-Grenze
die La-Plata-Mündung
der Sankt-Gotthard-Tunnel
Mount-Everest-erfahren

die Albert-Einstein-Gedenkstätte
der Wilhelm-Raabe-Preis
die Jacob-und-Wilhelm-Grimm-Stiftung
das Goethe-Schiller-Archiv in Weimar
das Wolfgang-Amadeus-Mozart-Gymnasium
die Van-Gogh-Ausstellung
am Lago-di-Garda-seitigen Abhang (Lago di Garda = See in Norditalien)
Fidel-Castro-freundlich (Castro = kubanischer Machthaber)

Doppelschreibungen und Hervorhebungen

- Bei verschiedenen Zusammensetzungen ist Doppelschreibung möglich: mit oder ohne Bindestrich.
- Manchmal wird der Bindestrich dabei zur besonderen Hervorhebung benutzt.

Am besten: Üben und Einprägen!

Ableitungen auf *-er*
Die Bad-Pyrmonter/die Bad Pyrmonter (von: Bad Pyrmont)
Die Sankt-Johanner/die Sankt Johanner (= die Leute aus St. Johann)
die New-Yorker/die New Yorker (= die Bürger von N. Y.)

besondere Hervorhebung
die Matthäus-Passion, die Schiller-Ausgabe
das Marx-Geburtshaus, das Hölderlin-Seminar
das Mekong-Delta/das Mekongdelta
die Helsinki-Nachfolgekonferenz/die Helsinkinachfolgekonferenz
Hannover-Messebahnhof/Hannover Messebahnhof
München-Ost/München Ost

21 Groß- und Kleinschreibung: Sätze, Überschriften, Anschrift, Redebegleitsatz, Gliederung

Großschreibung am Anfang

- Das erste Wort eines Ganzsatzes, einer Überschrift, eines Werktitels*, einer Anschrift und dergleichen schreibt man groß.

* Werktitel haben z. B.: Bücher, Theaterstücke, Kunst- und Musikwerke, Fernsehstücke; Gesetze, Verträge, Veranstaltungen)

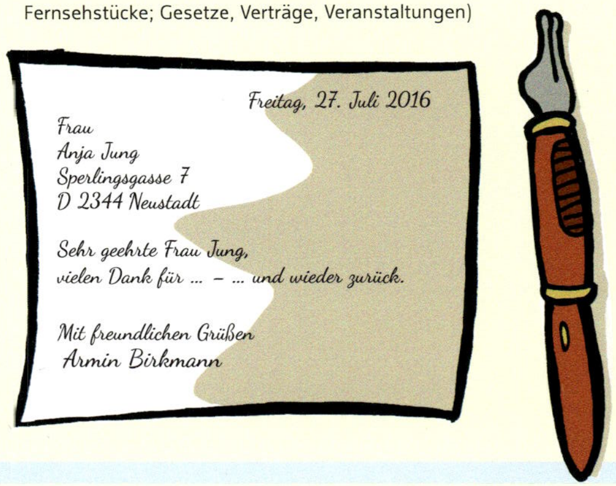

Ganzsätze

Das hast du gut gemacht. (Aussagesatz); **W**ie geht es dir? (Fragesatz)

Gib mir sofort meinen Ball zurück! (Aufforderungssatz/Befehlssatz)

Einwortsätze, Kurzsätze

Kommst du mit? – **J**a. – **J**etzt? – **N**ein, später. – **M**ach schon! **S**iehe oben. **V**gl. Absatz IV, Nr. 6.

Denke an: zwei Bananen, fünf Äpfel und Sahne!

Werktitel

Ein Sommernachtstraum (Theaterstück); **V**or Sonnenaufgang (Theaterstück); **D**er alte Mann und das Meer (Roman);

Mein Name sei Gantenbein (Roman); **B**iblische Landschaft (Gemälde); **J**unger Mann und Pferd (Foto); **U**ngarische Rhapsodie (Musikstück); **N**ur ein Traum (Musikstück); Goethes Roman „**D**ie Leiden des jungen Werthers“

andere Titel

Gute Zeiten, schlechte Zeiten (TV-Sendung); Aber als besonderer Eigenname: **t**aff (TV-Sendung)

Niedersächsisches Naturschutzgesetz (Gesetz); **P**otsdamer Abkommen (internationaler Vertrag); **G**rüne Woche (Messe in Berlin)

Anschriften usw.

➡ links

Auslassungen und Zahlen am Anfang

- Auslassungspunkte, Apostroph und Zahlen am Anfang gelten als Satzanfang, Anfang von Überschriften, Werktiteln usw. Das erste darauf folgende Wort wird nicht verändert.

... **u**nd nicht als ein Fremder (Werktitel)
... **u**nd dann setzte Starkregen ein. (Kapitelanfang)
... ’**n**e Menge Schweiß hat das gekostet. (Ausspruch)

’**s** ergab sich eben so. (Ausspruch)
11 **g**ute Freunde müsst ihr sein (Überschrift)
3 **n**eue Versuche hat jeder. (Ankündigung)

Ganzsatz nach Doppelpunkt

- Folgt auf einen Doppelpunkt ein Ganzsatz, schreibt man das erste Wort groß.

Denke daran**:** **B**ring bitte 2 Bananen, 5 Äpfel und Sahne mit! – Die Wette gilt**:** **W**er zuerst am Bus ist, der ... – Hinweis**:** **H**eute ist das Parkdeck bis 22 Uhr geöffnet. – Du arbeitest Tag und Nacht**:** **D**u ruinierst deine Gesundheit! – Haus, Garten und Kinder**:** **U**m alles musste sie sich tagein, tagaus kümmern.

Wörtliche Rede

- Das erste Wort der wörtlichen Rede (➞ Seite 28) schreibt man groß.
- Steht nach der wörtlichen Rede ein Redebegleitsatz (Begleitsatz/Redebegleitung), schreibt man dessen erstes Wort klein.

„**W**elcher von euch der Faulste ist“, **s**prach der Vater,
„**s**oll nach mir König werden.“
Der Jüngste rief: „**D**as Reich gehört mir, denn ... !“
„**A**ber ich bin so faul, dass ... “, **s**agte der Älteste.

Gliederungsangaben

- Gliederungsangaben (Ziffern, Paragrafen, Buchstaben usw.) gehören nicht zum nachfolgenden Ganzsatz. Dementsprechend schreibt man das folgende Wort groß.

3. **D**as Einstellen von Kinderfahrrädern im Flur ist erlaubt. (= Punkt 3 einer Hausordnung)
2 **D**er Jagdhund (= Abschnitt 2 eines Fachbuches)
§ 1 (1) **J**edermann darf den Wald und die übrige freie Landschaft betreten und sich dort erholen. (= Gesetzesparagraf)
c) **V**gl. Anlage 2 zum Schreiben vom 11.01.2007. (= Buchstabe zum Hinweis in einem Schreiben)

22 Groß- und Kleinschreibung: Nomen (Substantive) und Tageszeiten

Im Gegensatz zu den anderen Sprachen hebt das Deutsche die Wortart **Nomen** (Substantiv) durch **Großschreibung** hervor. Manche Nomen können allerdings im Satz dem Inhalt nach oder formal in eine andere Wortart überwechseln. Man spricht dabei von **Denominalisierung** (Desubstantivierung). Die denominalisierten Wörter werden dann entsprechend ihrer (neuen) Wortart kleingeschrieben. Umgekehrt können auch andere Wörter im Text zu Nomen (Substantiven) werden. Solche **Nominalisierungen** (Substantivierungen) schreibt man groß.

Wortarten im Satz

- Ob ein Wort groß- oder kleingeschrieben wird, ergibt sich nicht nur aus der Wortart, der es angehört, sondern auch aus seiner Verwendung im Satz.

Eines Abends, es war **donnerstags**, gingen wir **trotz** schlechten **Wetters** mit unserer **Jüngsten** spazieren.

- Eines: Satzanfang
- Abends: Nomen (Substantiv): „der Abend“
- donnerstags: Adverb (Umstandswort) – Denominalisierung von „der Donnerstag“
- trotz: Präposition (Verhältniswort) – Denominalisierung von „der Trotz“
- Wetters: Nomen (Substantiv): „das Wetter“
- Jüngsten: Nomen (Substantiv) – nominalisiertes Adjektiv (Eigenschaftswort): „jung“

Das Nomen (Substantiv)

- Nomen (Substantive) schreibt man groß. Das gilt natürlich für alle grammatischen Fälle (= Nominativ, Genitiv, Dativ und Akkusativ) sowie Einzahl und Mehrzahl (Singular und Plural).
- Dazu gehören auch Bezeichnungen für Gegenständliches und Ungegenständliches sowie Zusammensetzungen und Fremdwörter.

Bezeichnungen für Gegenständliches (Konkreta): Armin, Beate, Seppl, Lieschen; der Schmidt, die Müller-Knorr; die Blume, der Stein, das Kind; Berlin, Paris, New York

Bezeichnungen für Ungegenständliches (Abstrakta): der Gedanke (ein Gedanke, die Gedanken); die Idee (eine Idee, die Ideen); das Gefühl (ein Gefühl, die Gefühle); die km-Zahl; der dass-Satz; der i-Punkt (= Punkt auf dem kleinen i)

Zusammensetzungen (Komposita): das Haustürschloss; die Chlor-Wasserstoff-Verbindung; der Trimm-dich-Pfad; die X-Beine, die S-Kurve, S-Kurven-reich; der 100-Meter-Lauf; zum In-die-Luft-Gehen; Formel-I-tauglich; Amerika-freundlich; ph-Wert-neutral; UV-empfindlich; S-förmig (= wie ein großes S); aber: s-förmig (= wie ein kleines s)

Fremdwörter: der Drink; das Center; das Cordon bleu; das Know-how; das Make-up; der Soft Drink / Softdrink; das Corned Beef / Cornedbeef

Feste Gefüge, Tageszeiten und Zahlen

- Nomen (Substantive) in festen Gefügen schreibt man ebenfalls groß.
  Am besten: Üben und einprägen!
- Die Bezeichnung von Tageszeiten nach Adverbien (Umstandswörtern) wie vorgestern, gestern, heute, morgen und übermorgen schreibt man groß.
- Ebenfalls groß schreibt man Zahlsubstantive.
  Am besten: Üben und einprägen!

Nomen in festen Gefügen: in Bezug auf, mit Bezug auf; im Grunde; auf Grund/aufgrund; zu Grunde gehen/zugrunde gehen; zu Händen von, **zuhanden** von; in Hinsicht auf (aber: infolge); zur Not (aber: vonnöten); von Seiten/vonseiten, zur Seite; auf Seiten/aufseiten (aber: beiseite); außer Acht lassen; in Betracht kommen; zu Hilfe kommen; in Kauf nehmen; Auto fahren, Rad fahren; Radio hören; Tee trinken; Not leiden, Not tun; Angst haben, Angst und Bange machen (aber: Mir ist angst und bange); Schuld tragen; Ernst machen; (aber: irreführen, preisgeben, stattfinden, wundernehmen usw.); Wert legen auf; eines Abends, des Nachts (aber: abends, nachts...); letzten Endes, guten Mutes (aber: keinesfalls, andernorts); aber: etwas ernst nehmen, ernst sein/werden, recht sein, unrecht sein, recht tun, recht haben/Recht haben, zum ersten Mal, einmal,diesmal, manchmal (→ Seiten 14 und 23)

Tageszeiten: vorgestern Abend, gestern Mittag, heute Morgen, am Montag früh, übermorgen Mitternacht (aber: am Sonntagabend)

Zahlsubstantive: ein Dutzend, das Paar (aber: ein paar Äpfel), das Hundert, das Tausend (das Tausend Nägel), eine Million, eine Milliarde

Feste Fügungen aus fremden Sprachen

- In bestimmten festen Fügungen schreibt man Fremdwörter klein.

a cappella (= Gesang ohne Instrumentalbegleitung), in flagranti (= auf frischer Tat), de jure (= von Rechts wegen), de facto (= tatsächlich), pro domo (= für sich selbst), coram publico (= vor aller Welt), in nomine (= im Namen/Auftrag)

aber: der A-cappella-Chor, die De-facto-Anerkennung, die Ad-hoc-Entscheidung, die De-jure-Anerkennung

23 Groß- und Kleinschreibung: Wörter, die in andere Wortarten übergewechselt sind

Desubstantivierung (Denominalisierung) verschiedener Wortarten

- Desubstantivierungen (Denominalisierungen) schreibt man klein. (→ Seite 22)

Desubstantivierungen (Denominalisierungen) sind Wörter, die formgleich als Substantive (Nomen) vorkommen, aber selbst keine substantivischen Merkmale mehr aufweisen.

Verbindung mit *sein, bleiben* oder *werden*: Mir ist/wird angst und bange. – Ich bin dir gram. (= Ich bin dir böse.) – Das ist mir jetzt alles leid. (= Ich habe es jetzt satt.) – Der Laden ist pleite. Er ist/bleibt schuld daran. – Ihr Aufschlag ist klasse/spitze. – Er ist ihm feind/spinnefeind. Er ist ihr freund (= freundlich gesinnt). – not sein, schnuppe sein, wurst/wurscht sein

Wörter auf *-s* und *-ens* wie: anfangs; abends; dienstags; morgens, mittags, abends; hungers (sterben); willens sein; rechtens sein; abseits; angesichts; mangels; mittels; namens; seitens; falls; teils ... teils

Präpositionen: dank deiner Hilfe; kraft seines Amtes; laut Paragraph 1; statt, an Kindes statt, an seiner statt; trotz des Regens; wegen, von Amts wegen; um Himmels willen; zeit seines Lebens

unbestimmte Zahlwörter: ein bisschen (= ein wenig); ach, du liebes bisschen!; ein paar Blumen (= einige), aber: ein Paar Schuhe (= der rechte und der linke Schuh)

Unfeste Verben, Bruchzahlen, Uhrzeit u. a.

- Klein schreibt man den ersten Bestandteil unfest zusammengesetzter Verben (→ Seite 14), ebenso Bruchzahlen auf *-tel* und *-stel*, Maßangaben usw.
- Groß schreibt man, wenn das Substantiv/Nomen mit dem Infinitiv zusammengeschrieben wird.

unfeste Verben: teilnehmen: Ich nehme nicht mehr **t**eil.; stattfinden, kopfstehen, leidtun, wundernehmen

Nomen (Substantiv) – getrennt: Anteil nehmen: Sie nahmen daran großen **A**nteil. – Auto fahren, Rad fahren, Folge leisten

Bruchzahlen, Maßangaben, Uhrzeitangaben: ein zehntel Millimeter, ein viertel Pfund, drei hundertstel Sekunden; auch: ein Zehntelmillimeter, ein Viertelpfund, drei Hundertstelsekunden (→ Seite 17); um viertel vor acht, um drei viertel acht, aber: ein Viertel, das zweite Drittel, sieben Achtel, ein Viertel vor acht

Substantivierungen: Großschreibung

- Wörter aus anderen Wortarten schreibt man groß, wenn sie als Nomen (Substantiv) gebraucht werden. (Man spricht dann von Substantivierung oder Nominalisierung.)

Wenn man unsicher ist, ob man großschreiben muss, helfen diese Merkmale:

1. Ein Artikel geht voraus: *der, die, das; ein, eine, ein; des, dem ...; einer, eines, einem ... (am = an dem, zum = zu dem ...).*
2. Ein Pronomen (Fürwort) geht voraus wie: *dieser, jener, welcher, mein, kein, etwas, nichts, alle, einige ...*
3. Ein unbestimmtes Zahlwort steht davor wie: *viel, wenig, genug, ein paar, alles, allerlei, etwas, nichts ...*
4. Ein Attribut (Beifügung) gehört dazu: *sein schnelles Handeln; das Dreifache des früheren Wertes.*
5. Großschreibung auch bei diesen Wortbildungsendungen: *-ung, -heit-, -keit, -mus, -nis, -schaft*

feste Nomen: das Essen und Trinken, das Leben, das Durcheinander, der/die Angestellte, das Deutsche (= die deutsche Sprache), die Studierenden, die Grünen (= Politiker), das Jenseits

Adjektive (Eigenschaftswörter): alles Gute wünschen, Süßes und Saures, etwas Aufregendes, das Erwartete trat ein, das Vierfache von, das einzig Richtige, nur Angenehmes, viel Bedeutendes, im Großen und Ganzen, das unten Stehende, das Folgende, im Folgenden, des Näheren erläutern, im Argen liegen, im Grünen wohnen, im Allgemeinen, um das Vierfache, des Langen und Breiten, im Wesentlichen, ein Beträchtliches, im Grünen wohnen, im Einzelnen, aus dem Dunkeln, im Dunkeln tappen, auf dem Trockenen sitzen, im Allgemeinen, auf dem Laufenden sein, im Trüben fischen, den Kürzeren ziehen, unsere Jüngste, das Beste von/an, zum Besten geben, es ist das Beste, bis ins Kleinste, nicht im Entferntesten, aufs Herzlichste/herzlichste grüßen, Jung und Alt sind dabei, ins Schwarze treffen, bei Rot stoppen, Blau und Gelb ergeben Grün, das Englische, sie spricht Englisch/englisch, vom Hundertsten ins Tausendste, fürs Erste, der Erste des Monats, jeder Fünfte fällt durch, etwas an Dritte weitergeben, alles Übrige, das haben Unzählige gesehen, das Übrige besprechen wir später, der Einzige, alles Mögliche

Verben: auf Biegen und Brechen, das Fensterputzen, zum Lachen sein, ins Stocken kommen, lautes Rufen, auf sein Anraten hin, das Soll erfüllen, ein absolutes Muss, der Gehbehinderte, es ist zum Auf-und-davon-Laufen, das In-den-Tag-hinein-Leben, das kleine Schwarze (= Kleid), aber: der Blinde lernt das Lesen/lernt **l**esen

andere Wörter: ewiges Hin und Her, das Danach, im Voraus, im Nachhinein, im Aus stehen, das Für und Wider, es kommt auf das Dass und das Wie an, mit Ach und Krach, ein freudiges Oh, ein endgültiges Nein; das Du anbieten, Mein und Dein unterscheiden, ein gewisses Etwas, das Entweder-oder, das Als-ob

24 Groß- und Kleinschreibung: Eigennamen, bestimmte Wortgruppen und Anreden

Substantivierungen: Kleinschreibung

- In einigen Fällen schreibt man Adjektive (Eigenschaftswörter), Partizipien (Mittelwörter) und Pronomen (Fürwörter) klein, obwohl sie Merkmale der Substantivierung (Nominalisierung) aufweisen.

Sie war die **a**ufmerksamste und **g**ebildetste meiner Zuhörerinnen.
Er ist der **f**airste und **s**chnellste Angriffsspieler.
Dieser Weg ist am **s**teilsten.
Sie schreibt am **s**chönsten.
Jemanden aufs/auf das **h**erzlichste begrüßen. (→ unten)

Substantivierung oder Superlativ

- Wenn man unsicher ist, ob ein Adjektiv (Eigenschaftswort) im Satz substantiviert (nominalisiert) ist und deshalb großgeschrieben werden muss, hilft Folgendes: Man setzt es vor das nächste Nomen (Substantiv). Bleibt der Sinn erhalten, schreibt man klein.
- Ist man bei Superlativen (= höchste Steigerungsform) usw. mit *am* oder *aufs/auf das* unsicher, gibt es diese Hilfe: Kann man den Superlativ mit *Wie?* erfragen, schreibt man klein.

Handelt es sich um ein substantiviertes Adjektiv?
Sie war die aufmerksamste meiner Zuhörerinnen. → Sie war die **aufmerksamste Zuhörerin** meiner Zuhörerinnen. (Sinn bleibt erhalten, also Kleinschreibung.)
Entsprechend: Sieh dir diese Handys an. Das **schwarze** (Handy) gefällt mir!
Handelt es sich um einen Superlativ?
Dieser Weg ist am steilsten. → Wie ist dieser Weg? (Antwort: **am steilsten** [= Superlativ], also Kleinschreibung.) – Jemanden aufs herzlichste begrüßen. → Wie begrüßen? (Antwort: **aufs herzlichste**, also Kleinschreibung.)
Und: (Kann man *Woran?* oder *Worauf?* fragen, folgt Großschreibung: *Es fehlt am **N**ötigsten.*)

Eigennamen

- Eigennamen (also Namen von Personen, Orten, Ländern, Institutionen, Zeitungen, bestimmter Ereignisse, Epochen usw.) schreibt man groß.
  Aber anders festgelegt: ***k**onkret* (= eine Zeitung), *Hochschule für **b**ildende Kunst* (= eine bestimmte Hochschule), *Zur **l**etzten Instanz* (= ein Gasthaus bei einem Gericht) usw.

Armin, Anja, Ulla Müller-Knorr, Wolf-Dietrich Werner, Berlin, Deutschland, Europa, Bahnhofstraße, Ostsee-Zeitung; Kap der Guten Hoffnung, Vereinigte Staaten von Amerika; Johann Wolfgang von Goethe, von Goethe, der Alte Fritz, Friedrich der Zweite; Klein Erna; Im Unteren Dorfe (= Straße), Thüringer Wald, Libysche Wüste, Indischer Ozean, Rotes Meer, Kleiner Bär (= Sternbild), der Blaue Enzian (= Eisenbahnzug), der Französische Dom (= Kirche in Berlin); die Deutsche Bank, die Chemnitzer Sparkasse; der Deutsche Bundestag, die Vereinten Nationen; Zum Schwarzen Adler (= Gasthaus), der Nahe Osten (...)

Geografische Eigennamen

- Ableitungen von geografischen Eigennamen auf *-er* schreibt man groß.
- Ableitungen von Eigennamen auf *-(i)sch* schreibt man klein, sofern kein Apostroph verwendet wird (sonst: groß).

Ableitungen auf *-er*
die **B**erliner Mauer, der **S**chweizer Käse, der **N**ew **Y**orker Verkehr
Ableitungen auf *-(i)sch*
das **ohm**sche Gesetz/das **Ohm'sche** Gesetz, die **g**oethe**schen** Dramen/**G**oethe**'schen** Dramen, **b**ay(e)**risches** Bier, die **h**omer**ischen** Epen

Persönliche Anreden

- Das Anredepronomen *Sie* der Höflichkeitsanrede und das Possessivpronomen *Ihr* schreibt man in allen Formen groß.
- In der vertrauten Anrede schreibt man *du, ihr, dein, euer* usw. sowie *sich* klein. In Briefen können diese Pronomen auch großgeschrieben werden.

Wir heißen **Sie** herzlich willkommen und wünschen **Ihnen** während **Ihres** Aufenthaltes bei uns eine gute Erholung! – Hiermit vermache ich **Ihrer** Organisation meinen ganzen Besitz. – Wir heißen **dich** und **deine** Frau bei uns herzlich willkommen und wünschen **euch** während **eures** Aufenthaltes gute Erholung. Macht es **euch** gemütlich!
Brief: Vielen Dank für **d**eine/**D**eine Zeilen und **e**ure/**E**ure guten Wünsche ...

Manche Ausdrücke geben oft zum Zweifeln Anlass. Am besten: Üben und einprägen!

von fern, von nah und fern, gegen bar, durch dick und dünn, über kurz oder lang, von klein auf, frei erfunden, schwarz auf weiß, grau in grau; von neuem/Neuem, von weitem/Weitem, bis auf weiteres/Weiteres, seit längerem, binnen kurzem/Kurzem; für Jung und Alt, Arm und Reich, Gut und Böse, auf Rot schalten, etwas auf Englisch sagen; mancher, dieser und jener, jeder, alles; die beiden, beides; die drei (Leute), die Drei (Zensur), bis drei zählen, viele (Leute), die vielen, das wenige, die meisten, die einen und die anderen, (bei bes. Betonung: die Einen, Anderen, Meisten), etwas anderes, unter anderem; um fünf anrufen, an die dreißig (Leute), über sechzig sein (= über 60 Jahre)

In bestimmten substantivischen Wortgruppen schreibt man Adjektive unterschiedlich.
Am besten: Üben und einprägen!

klein bzw. groß: der blaue/Blaue Brief, das neue Jahr, die graue Maus, die silberne Hochzeit, das olympische Feuer, das große Los, eine schöne Bescherung, das schwarze/Schwarze Brett, der schnelle Brüter (= Atomreaktor), das schwarze Schaf, die schwedischen Gardinen, der weiße/Weiße Tod (Lawine), die graue Eminenz, der graue Star (Krankheit), die eiserne Lunge, der schwarze/Schwarze Peter

groß: der Heilige Vater, die Königliche Hoheit, der Erste Bürgermeister, die Regierende Bürgermeisterin, die Technische Direktorin, die Schwarze Witwe (Spinne), der Rote Milan (Vogel), das Fleißige Lieschen (Pflanze), der Heilige Abend, der Weiße Sonntag, der Erste Mai, der Erste Weltkrieg, die Französische Revolution, der Westfälische Friede, die Ältere Steinzeit, die Olympischen Spiele, die Rote Karte (Fußball), die Erste Hilfe, die Kleine Anfrage (im Parlament)

25 Zeichensetzung: Punkt, Ausrufezeichen, Fragezeichen; Komma bei Teilsätzen, Wortgruppen und Wörtern

Unsere Satzzeichen wie Punkt, Ausrufezeichen, Fragezeichen, Komma, Semikolon, Doppelpunkt, Gedankenstrich usw. dienen vor allem dazu, Sätze und Texte übersichtlich zu machen. So soll die Verständlichkeit erhöht und auch die Betonung (beim Vorlesen) erleichtert werden. Wer mit Satzzeichen bewusst umgeht, kann besondere Aussageabsichten und Wirkungen verstärken.

Punkt am Ende

- Am Schluss eines Ganzsatzes steht ein Punkt, wenn dem Satz kein besonderer Nachdruck verliehen werden soll. (Nachdruck verliehen werden kann z. B. durch Ausrufe- oder Fragezeichen.)
- Nach frei stehenden Zeilen steht kein Punkt. „Frei stehende Zeilen“ sind z. B. Überschriften; Titel von Gesetzen, Verträgen und Veranstaltungen; Anschriften, Datumszeile, Grußformel und Unterschrift. (→ Seite 21)

Ausrufezeichen und Fragezeichen am Ende

- Das Ausrufezeichen unterstreicht nachdrücklich den Inhalt eines Ganzsatzes und steht nach einem Ausruf, Befehl oder einer Aufforderung. Es kann auch einer Behauptung, einem Gruß oder Wunsch besonderen Nachdruck verleihen, ebenso einer Anrede oder Überschrift.
- Das Fragezeichen steht nach einer Frage. Wenn ein Fragesatz mehrteilig ist oder Fragewörter aufgezählt werden, steht das Fragezeichen nur am Ende.

Komma bei Nebenordnungen

- Gleichrangige (= nebengeordnete) Teilsätze, Wortgruppen oder Wörter grenzt man mit einem Komma voneinander ab. Will man die Abgrenzung verstärken, kann auch ein Semikolon oder Gedankenstrich (oder gar ein Punkt) gesetzt werden.
- Sind die gleichrangigen (= nebengeordneten) Teilsätze, Wortgruppen oder Wörter durch *und, oder, beziehungsweise, sowie, wie, entweder ... oder, sowohl ... als auch, weder ... noch* usw. verbunden, setzt man kein Komma. (Wer will, darf bei der Reihung von Teilsätzen aber ein Komma setzen, um die Gliederung des Ganzsatzes besser deutlich zu machen.)
- Stehen zwei nicht gleichrangige Adjektive (Eigenschaftswörter) nebeneinander, setzt man kein Komma.

(Nicht gleichrangig bedeutet hier, dass das erste Adjektiv das **zweite** näher bestimmt.)

Text mit Beispielen

Hansens Trine

Hansens Trine war faul und wollte nichts tun. Sie sprach zu sich selber: „Was tue ich**?** Esse ich(**,**) oder schlafe ich(**,**) oder arbeite ich**?** – Ach, ich will erst essen**!**“

Als sie sich satt gegessen hatte, sprach sie wieder: „Was tue ich**?** Arbeite oder schlafe ich**?** – Ach, ich will erst ein bisschen schlafen.“ Dann legte sie sich hin und schlief. Als sie aufwachte, war es Nacht**;** da konnte sie nicht mehr zur Arbeit gehen.

Einmal kam Hans nachmittags nach Hause. Als er die Trine schlafen sah, rief er: „Mein Gott, wie kann man so faul sein**!**“ Aber Trine schlief weiter. Da nahm er sein Messer, schnitt ihr den Rock bis über die Knie ab und ging wieder. Nachdem Trine aufgestanden war, wollte sie zur Arbeit gehen. Als sie aber hinauskam, erschrak sie, weil der Rock so kurz war, und rief: „Ich werde irr'**!** Bin ich's oder bin ich's nicht**?**“

Und sie weiß selbst nicht, was sie antworten soll. Sie sagt sich: „Du musst nach Hause gehen und fragen, ob du's bist**!** Die werden's schon wissen.“ Also geht sie und klopft ans Fenster und ruft hinein: „Ist Hansens Trine drinnen**?**“ (Die anderen hatten nicht gemerkt, dass die Trine fortgegangen war.) So antworten sie, wie sie meinen: „Ja, die liegt in der Kammer und schläft**!**“

„Nun, dann bin ich's nicht“, sagt die Trine vergnügt, geht zum Dorf hinaus und kommt nicht wieder(**,**) und Hans war die Trine los.

(nach den Brüdern Grimm)

gleichrangige Wörter und Wortgruppen

Wir besorgten Milch, Gemüse, Äpfel und Nudeln. – Er wollte aufräumen, die Fenster putzen, seine DVDs ordnen und den Rasen mähen. (Er wollte aufräumen und die Fenster putzen sowie seine DVDs ordnen oder den Rasen mähen.)

gleichrangige Teilsätze

Die Trine geht zum Dorf hinaus**,** Hans ist die Trine los.
Die Trine geht zum Dorf hinaus**;** Hans ist die Trine los.
Die Trine geht zum Dorf hinaus **–** Hans ist die Trine los.
Die Trine geht zum Dorf hinaus**.** Hans ist die Trine los.
Die Trine geht zum Dorf hinaus(**,**) und Hans ist die Trine los.

gleichrangige Adjektive (Eigenschaftswörter)

Trine war ein **träges, faules** Mädchen.
Sie trug unfreiwillig einen **kurzen, abgeschnittenen** Rock.
Am Ende blieb ein **verlassener, einsamer** Hans zurück.

nicht gleichrangige Adjektive (Eigenschaftswörter)

Trine legte sich ausgerechnet in ihrem **neuen langen** Rock schlafen.
Hans nahm extra sein **sauberstes scharfes** Messer.
Es war ein **unüberlegter böser** Streich, was er da tat.

26 Zeichensetzung: Komma bei Nebensätzen (Gliedsätzen)

Komma bei verschiedenen Nebensätzen (Gliedsätzen)

- Einen Nebensatz (Gliedsatz) trennt man vom übrigen Ganzsatz durch Komma ab.
  Ist er eingeschoben, setzt man vor und nach dem Nebensatz je ein Komma (= paariges Komma).

Satzbau-Schema **Hauptsatz, Gliedsatz**. (= Gliedsatz ist dem Hauptsatz nachgestellt):
Er kaufte ein Auto, **nachdem er die Führerscheinprüfung bestanden hatte.**
Satzbau-Schema **Gliedsatz, Hauptsatz**. (= Gliedsatz ist vorangestellt):
Nachdem er die Führerscheinprüfung bestanden hatte, kaufte er ein Auto.
Satzbau-Schema **Haupt-, Gliedsatz, -Satz**. (Gliedsatz ist eingeschoben):
Er kaufte**, nachdem er die Führerscheinprüfung bestanden hatte,** ein Auto.

Wie man einen Nebensatz (Gliedsatz) erkennt

Die oben aufgeführte Regel ist recht einfach. In der Praxis ist es aber gar nicht so leicht, Gliedsätze (Nebensätze) zu erkennen. Diese Merkmale helfen dabei:

- Der Hauptsatz hat mindestens Subjekt (Satzgegenstand) und Prädikat (Satzaussage) und kann allein stehen.
- Der Nebensatz hat auch Subjekt und Prädikat, kann aber nicht allein stehen. Er „lehnt sich an".
- Der Nebensatz ist erkennbar an einleitenden Bindewörtern wie *weil, als, damit, falls, obwohl, dass, sodass* usw.
- Das konjugierte (gebeugte) Verb (Tätigkeitswort) steht im Nebensatz am Ende (= Endstellung).

Sie unterbricht den Flug in Frankfurt,
Subjekt | Prädikat | Objekt | Umstandsbestimmung des Ortes
— Hauptsatz

weil sie eine Freundin besuchen will,
Bindewort | Subjekt | Objekt | Prädikat (mit gebeugtem Verb *will*)
— Gliedsatz 1 (hier: Kausalsatz / Begründungssatz: „Warum?")

obwohl die Zeit drängt,
Bindewort | Subjekt | Prädikat (zugleich gebeugtes Verb)
— Gliedsatz 2 (hier: Konzessivsatz / Einräumungssatz: „Was geschieht trotzdem?")

sodass sie sich beeilen muss, damit …
Bindewort | Subjekt | Prädikat
— Gliedsatz 3 (hier: Konsekutivsatz / Folgesatz: „Was ist die Folge?")

Nebensatz (Gliedsatz) mit Einzelwörtern

- Besteht die Einleitung eines Nebensatzes aus einem Einleitewort und weiteren Wörtern, setzt man das Komma vor die ganze Wortgruppe:
  *Er hatte die Gefahr geahnt, zwei bis drei Stunden **bevor** das Feuer ausbrach.*
- In einigen Fällen ist es freigestellt, ein Komma zu setzen.
  Er kommt zu meinem Geburtstag, vorausgesetzt(,) dass sein Auto fährt.
- Manchmal kann das Komma den ganzen Satzinhalt verändern:
  Ich freue mich auch, wenn er anruft.
  aber: *Ich freue mich, auch wenn er anruft.*

Beiordnende Konjunktionen (Bindewörter)

- Vor beiordnenden Bindewörtern wie *und, oder, sowie* usw., die Satzgliedteile mit Nebensätzen verbinden, steht kein Komma:
  Man hat hier einen tollen Blick bei Sonnenschein und gleich nach dem Regen.
  Bei Sonnenschein oder wenn es gerade geregnet hat, gibt es hier einen tollen Ausblick.

Die Gründung der Stadt Troja

In uralten Zeiten wohnten auf einer Insel in der Ägäis, die ein Teil des Mittelmeeres ist, die Brüder Jasion und Dardanos. Sie waren Söhne des Zeus. Zeus erschlug Jasion zur Strafe mit einem Blitz, weil er Demeter, die Göttin des Ackerbaus, des Erdsegens und der Fruchtbarkeit, zur Frau begehrte. Dardanos war tief betrübt, sodass er Reich und Heimat verließ. Er ging nach Kleinasien(,) und er gründete dort eine kleine Ansiedlung. Nach seinem Enkel Tros wurde die Gegend Troas genannt(,) und der Hauptort bekam den Namen Troja. Die Bewohner hießen jetzt Trojaner oder Troer.
Ilos, der älteste Sohn des Tros, gewann in einem Kampfspiel eine Kuh. Diese sollte einen Orakelspruch erfüllen, nachdem sie in ihrer neuen Heimat freigelassen würde. Ilos folgte der Kuh, bis sie sich an einem freien Platz lagerte. Es war in Troja, wie schon gesagt(,) dem Hauptort des Landes. Hier baute er auf einem Hügel die Burg Ilios, auch Pergamos geheißen. Aber er bat seinen Ahnherrn Zeus um ein wohlwollendes Zeichen, noch rechtzeitig(,) bevor er die Grundmauern anlegte. Zeus stellte Burg und Stadt und Volk unter seinen und den Schutz seiner Tochter Athene.
Der Sohn des Ilios, Caomedon, baute mithilfe der Götter Apollo und Poseidon eine schützende Mauer um Troja mit der Burg. Als die Mauer fertig war, betrog er jedoch die beiden göttlichen Helfer um ihren Lohn, jagte sie davon und drohte ihnen mit dem Abschneiden der Ohren, falls sie sich nicht fügten. Mit großer Erbitterung schieden die Götter(,) und sie wurden Todfeinde des Königs und des Volkes der Trojaner. Nachdem Athene davon erfahren hatte, kehrte auch sie sich von der Stadt, die bis dahin glücklich unter ihrem Schutz gestanden hatte, ab.

(nach Gustav Schwab)

27 Zeichensetzung: Komma bei besonderen Wortgruppen, Zusätzen, Nachträgen usw.

Komma bei Infinitivgruppen

▶ Die Infinitivgruppe wird durch Komma abgetrennt,
- wenn sie mit *um, ohne, statt, anstatt, außer* oder *als* eingeleitet ist,
- von einem Substantiv (Nomen) abhängt,
- durch ein hinweisendes Wort/hinweisende Wörter angekündigt oder wieder aufgegriffen wird.

▶ aber: Liegt ein bloßer Infinitiv vor, können die Kommas weggelassen werden, sofern dadurch kein Missverständnis entsteht.

Infinitiv-Gruppen

Sie legte sich früh hin, **um** gut ausgeruht zu sein.

Er hatte die **Absicht, früh aufzustehen**.

Ich dagegen liebe **es,** lange zu schlafen.

Lange zu schlafen, **das** liebe ich dagegen sehr.

bloßer Infinitiv

Sie dachte nicht daran(,) zu schlafen.

Die Gefahr(,) zu verlieren(,) bestand nie.

Missverständnisse ausschließend

Er versprach ihr, einen Brief zu schreiben. (Aber an wen?)

Er versprach, ihr einen Brief zu schreiben. (Eindeutig an sie.)

Er versprach ihr, einen Brief zu schreiben

Er hatte versprochen, ihr einen Brief zu schreiben.

Komma bei nachgetragenen Gruppen

▶ Nachgetragene Infinitiv-, Partizip- oder Adjektivgruppen sowie entsprechende Wortgruppen am Ende eines Ganzsatzes werden durch Komma abgegrenzt.*

▶ aber: Oft liegt es allerdings im Ermessen des Schreibenden, ob er etwas als Zusatz oder Nachtrag mit Komma kennzeichnen will.

* Unter Umständen kann man dafür auch Gedankenstriche oder Klammern setzen. (→ Seite 28)

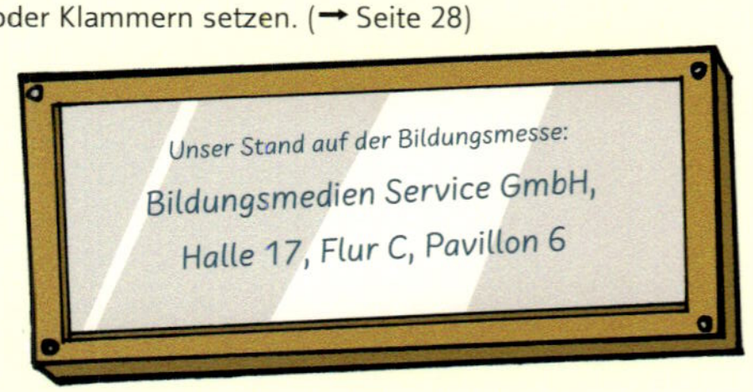

Partizipgruppe

Von den Eltern ermuntert(,) ging sie zum nächsten Vorstellungsgespräch. – Sie kam(,) die Arme hochreißend(,) aus dem Prüfungsraum. – Die Aufgaben zu lösen, war ihr leichtgefallen. – So(,) sichtbar erleichtert(,) lief sie auf die Mutter zu.

Derart belohnt(,) sich jetzt im Arm haltend(,) standen sie eine Weile still.

Adjektiv- und entsprechende Wortgruppen

Anna stieg, zum Vorstellungsgespräch bereit, in den Fahrstuhl. – Sie, voller guter Ratschläge, eilte in die Personalabteilung. – Anna wartete im Vorzimmer, zum Gespräch bereit. Sie saß auf einem harten Stuhl, die Zeugnisse in der Hand.

Ist der Maien kühl und nass, füllt er dem Bauern Scheuer und Fass.

Der Torwart(,) entgegen ärztlichem Rat(,) kehrte ins Tor zurück. – Unsere ganze Familie(,) samt Hund und Katzen(,) zieht um. – Er hat am PC(,) trotz aller Beteuerungen(,) wieder herumgebastelt. – Die Reparaturkosten(,) einschließlich MwSt.(,) betragen 150,00 Euro. – Das war(,) bedauerlicherweise(,) seine ganze Barschaft.

Ortsangaben usw.

Marinus L. Müller, Frankfurt, Am Sandberg 108, 2. Stock(,) verkauft ein Klavier.

Die Konferenz findet Montag, (den) 12. Februar(,) statt.

Die Konferenz findet am Montag, dem 12. Februar(,) statt.

Die Konferenz findet am Montag, dem 12. Februar(,) (um) 17.30 Uhr(,) im Tagungsraum II statt.

In festen Verbindungen mit einem nachgestellten Adjektiv steht kein Komma. Ebenfalls nicht bei mehrteiligen Eigennamen.
Am besten: Üben und einprägen!

feste Verbindungen

ein Häuschen klein, Forelle blau, Whisk(e)y pur

mehrteilige Eigennamen

Karl der Große

Bereichsleiter Diplom-Mathematiker Dr. rer. nat. Armin Müller

aber:

Frau Dr. med. Annemarie Kühn(,) geb. Becker(,) hat diese Diagnose gestellt.

Komma bei Anreden, Ausrufen usw.

▶ Anreden*, Ausrufe und besondere Hervorhebungen* grenzt man durch Komma ab.

* Hier kann zur Verstärkung am Ende auch ein Ausrufezeichen stehen.

Anreden

Leute, hört mal her.

Hört doch mal zu, **Herrschaften**.

Du, stell dir mal vor, was mir passiert ist.

Dafür sage ich dir, **liebe Ulla,** herzlichen Dank.

Ausrufe

Ach, das ist aber schade!

So ist es nun mal, **ja**!

Was, du hast geheiratet?

Du hast geheiratet, **was**?

He, was tust du da?

andere Ausdrücke

So ist das nun mal, **tatsächlich**. – Ihr habt ja, **leider,** keine Zeit. – Ihr habt ja leider keine Zeit.

Du hast Urlaub genommen, **eine gute Idee**.

Sei morgen pünktlich, **bitte**.

aber: Komm morgen *pünktlich!*

Zeichensetzung: Semikolon, Doppelpunkt, Gedankenstrich, Klammern und Anführungszeichen

Semikolon

- Mit dem Semikolon kann man gleichrangige (nebengeordnete) Teilsätze oder Wortgruppen voneinander abgrenzen.
- Das Semikolon trennt stärker als das Komma, aber schwächer als der Punkt (→ Seite 25).

gleichrangige Teilsätze

Es wurde still im Saal; dann erklang leise Musik.

Wir müssen abwarten, wann hier Schluss ist; reicht die Zeit, dann bekommen wir noch den Bus.

gleichrangige Wortgruppen

Unser Vorrat bestand aus Hartzwieback und Grieß; Ei- und Milchpulver; Speck, Rauchwurst und Trockenfleisch.

Doppelpunkt

- Der Doppelpunkt kündigt an, dass etwas Weiterführendes folgt, z. B. wörtliche Rede, Zitat, besondere Erklärung, Aufzählung, Zusammenfassung oder Schlussfolgerung.

Die Unterzeichnerstaaten sind: Deutschland, Frankreich, Großbritannien und Spanien.

Betriebsferien: 2.7. – 13.7.2007

Deutsch: sehr gut – Sie schlug das Heft auf: eine Zwei!

Dabei beachten:
Regeln für Groß- und Kleinschreibung nach Doppelpunkt!
(→ Seite 21)

Gedankenstrich

- Ein Gedankenstrich kündigt an, dass etwas Weiterführendes (oft etwas Unerwartetes) folgt. Er kann auch – ohne einen neuen Absatz zu beginnen – anzeigen, dass der Sprecher oder das Thema wechselt.
- Der Gedankenstrich kann auch Zusätze und Nachträge abgrenzen (→ Seite 27).

Sie schlug das Heft auf – eine Zwei!

Eines Tages – es war mitten im Winter – saß eine Königin am Fenster des Schlosses und nähte.

Kommst du bitte? – Ja, gleich! – Das kenne ich schon. – Ich bin sofort da.

Damit ist dieses Thema erledigt. – Nun kommen wir zum nächsten Punkt.

Wir erwarten ihn am Sonntag – und zwar um 19.00 Uhr. Wir beide – meine Frau und ich – freuen uns schon darauf. Und er hat betont – ich erinnere mich genau – dass er pünktlich sein wird.

Klammern

- Mit runden Klammern schließt man Zusätze und Nachträge (und auch längere Textstellen) ein und grenzt sie damit deutlich vom übrigen Text ab. (Satzzeichen, die zum eingeschlossenen Text gehören, stehen **in** der Klammer!)
- (Innerhalb von runden Klammern werden oft auch eckige Klammern [wie z. B. hier] verwendet; → auch „Gedankenstrich" und Seite 27.)

Gutenberg (der Erfinder der Buckdruckerkunst) wurde in Mainz geboren. – Eine Nährstoffanalyse des Blutes (die man selbst bezahlen muss) ist hier sehr aufschlussreich. – Er wohnt in Groß Wismar (Sachsen-Anhalt). – Die ausgeliehene CD (erinnerst du dich?) hast du mir noch nicht zurückgegeben. – Sie liebt Süßigkeiten (besonders Schokolade und Marzipan).

Schloss (Gebäude) – Schloss (Schließvorrichtung) – Schloss (Gewehrteil) – Schloss (Beckenknochen-Verbindung)

Anführungszeichen

- Anführungszeichen schließen etwas wörtlich Wiedergegebenes ein (→ Seite 21). Dabei behalten die wörtliche Rede und der Begleitsatz ihr Ausrufe- oder Fragezeichen.
- Mit Anführungszeichen kann man auch einzelne Wörter oder Textteile besonders hervorheben.
- Anführungszeichen werden auch bei Zitaten verwendet.
- Innerhalb von Anführungszeichen verwendet man bei Bedarf „die sogenannten ‚halben' Anführungszeichen".

In der Neuen Presse vom Dienstag heißt es: „Die Veranstaltung war ein großer Erfolg. Sie muss unbedingt wiederholt werden!"

(Neue Presse, 1. Juli 2005, Seite 27, Beitrag: „Rechtschreibregeln" von Werner Meyer)

Zu einem **Zitat** gehört immer auch die genaue Quellenangabe (also der Nachweis, woher das Zitat stammt), bei Zeitungsartikeln usw. auch das Datum.
Bei einem Zitat aus einem elektronischen Dokument aus dem **Internet** ist die genaue Adresse anzugeben, in diesem Fall möglichst mit Abfassungs-, auf jeden Fall aber mit Abrufdatum und -uhrzeit, wie z. B.: „Lernhilfen Rechtschreibung Deutsch", Zugriff: 12. Januar 2017, 17.39 Uhr, https://verlage.westermanngruppe.de/schroedel/suche?q=Lernhilfen

29 Zeichensetzung: Apostroph, Ergänzungsstrich und Auslassungspunkte zur Markierung von Auslassungen

Apostroph

- Der Apostroph zeigt an, dass in einem Wort ein oder mehrere Buchstaben ausgelassen worden sind.
- Eigennamen ohne Artikel, Possessivpronomen (besitzanzeigende Fürwörter) oder dergleichen erhalten im Genitiv (Wes-Fall) einen Apostroph, wenn sie in der Grundform auf einen s-Laut (geschrieben: *-s, -ss, -ß, -tz, -z, -x, -ce*) enden.
- Der Apostroph kennzeichnet auch Auslassungen im Wortinneren, damit keine Missverständnisse enstehen. Ebenso Wörter mit Auslassungen, die ohne die Kennzeichnung durch Apostroph missverständlich sein könnten.

Eigennamen auf s-Laut

Lukas' Freunde, Andreas' (= männlich) Fahrrad, aber: Andreas (= weiblich) Handy

Hans Sachs' Gedichte, aber: Die Gedichte des (= Artikel) Hans Sachs

Max' Geburtstag, aber: der Geburtstag unseres (= Possessivpronomen) Max

Beatrice' Tagebuch, aber: das Tagebuch meiner (= Possessivpronomen) Beatrice

Wörter mit Auslassungen im Wortinnern

D'dorf (= D**üssel**dorf), M'gladbach (= M**önchen**gladbach)

Lu'hafen (= Lu**dwigs**hafen)

Wörter, die ohne Apostroph missverständlich sein könnten

in wen'gen Augenblicken (= wen**i**gen)

's ist gut so (= **es** ist gut so)

Das Wasser rauscht' (= rauscht**e**), das Wasser schwoll.

Den Apostroph kann man auch setzen, wenn Wörter der gesprochenen Sprache mit Auslassungen bei einer späteren schriftlichen Wiedergabe ohne den Apostroph schwer verständlich sind:

Das war'n (= das war ein) Reinfall.

Nehm' S' (= Nehmen Sie) bitte Platz!

Nimm 'ne (= eine) andere Farbe!

Ergänzungsstrich

- Den Ergänzungsstrich setzt man dort, wo in einer Zusammensetzung oder Ableitung einer Aufzählung ein gleicher Bestandteil ausgelassen worden ist.

Ergänzungsstrich für den letzten Bestandteil

An- und Verkauf (= An**kauf** und Ver**kauf**)

Straßen-, Schienen-, Wasser- und Lufttransport (= Straßen**transport**, Schienen**transport** ...)

be- und entladen (= be**laden** und entladen)

Natur- und künstliche Erzeugnisse (= Natur**erzeugnisse** und künstliche Erzeugnisse);

aber: künstliche und Naturerzeugnisse (= künstliche **Erzeugnisse** und Naturerzeugnisse)

Ergänzungsstrich für den ersten Bestandteil

bergauf und -ab (= bergauf und **berg**ab)

Kosmetikkoffer, -tasche und -utensilien (= Kosmetikkoffer, **Kosmetik**tasche und **Kosmetik**utensilien)

Ergänzungsstrich für den ersten und den letzten Bestandteil

Textilgroß- und -einzelhandel (= Textilgroß**handel** und **Textil**einzelhandel)

Auslassungspunkte

- Mit drei Auslassungspunkten zeigt man an, dass in einem Wort, Satz oder Text Teile ausgelassen worden sind.
- Stehen die drei Auslassungspunkte am Ende eines Ganzsatzes, setzt man nicht noch zusätzlich einen Schlusspunkt. Ausrufe- und Fragezeichen bleiben dagegen erhalten.

Scher dich zum ...! (Scher dich zum **Teufel**!)

Der Horcher an der Wand ... (= Der Horcher an der Wand **hört seine eigene Schand'.**)

Die ... Fußballmannschaft erreichte ... noch das Finale. (= z. B.: Die **italienische** Fußballmannschaft erreicht **nach 120 bangen Minuten mit viel Glück** noch das Finale.)

Das ist eine Melodie aus dem Musical Cats ...

(Anstelle der Punkte könnte weiterer Text folgen.)

30 Zeichensetzung: Abkürzungen, Kurzwörter und dergleichen; Schrägstrich

Abkürzungen

- Bestimmte Abkürzungen werden durch einen Punkt gekennzeichnet.
- Steht die Abkürzung am Ende eines Ganzsatzes, setzt man nicht noch zusätzlich einen Schlusspunkt:
  Er ist Dr. med. – aber: *Ist er Dr. med.?* – *Nein, er ist Dr. med. dent.!*

Abk. (= Abkürzung)	vgl. (= vergleiche)	Bde. (= Bände)
Tel. (= Telefon)	Dr. (= Doktor)	Jg. (= Jahrgang)
usw. (= und so weiter)	d. h. (= das heißt)	S. (= Seite)
bzw. (= beziehungsweise)	d. i. (= das ist)	Weißenburg i. Bay.
u. (= und)	Di. (= Dienstag)	(= Weißenburg in Bayern)
v. (= von)	Mi. (= Mittwoch)	Abt.-Leiter (= Abteilungsleiter)
Nr. (= Nummer)	eur. (= europäisch)	Tsd. (= Tausend)
lfd. Nr. (= laufende Nummer)	Ztr. (= Zentner)	Mio. (= Million[en])
z. B. (= zum Beispiel)	Bd. (= Band)	Mrd. (= Milliarde[en])

Verschiedene Abkürzungen, Kurzwörter und dergleichen stehen üblicherweise ohne Punkt.
Am besten: Üben und einprägen!

m (= Meter)	TÜV (= Technischer Überwachungsverein)
g (= Gramm)	DEKRA (= Dt. Kfz-Überwachungsverein)
km/h (= Kilometer pro Stunde)	Ca (= Kalzium)
s (= Sekunde)	PKW (= Personenkraftwagen; des Pkw[s], die Pkw[s])
A (= Ampere)	die U-Bahn
Hz (= Hertz)	MdB/M. d. B/ (= Mitglied des Bundestages)
SO (= Südost)	GmbH/G.m.b.H. (= Gesellschaft mit beschränkter Haftung)
EUR (= Euro)	

Schrägstrich

- Mit dem Schrägstrich macht man deutlich, dass Wörter (Namen, Abkürzungen), Zahlen usw. zusammengehören.
- Der Schrägstrich kennzeichnet auch Verhältnisangaben bei Zahlen oder Größen. Dann bedeutet er *pro* bzw. *je*.

Angabe mehrerer Möglichkeiten	Gliederung, Untergliederung
die Schüler/Schülerinnen dieser Schule	Goethestraße 12/II/4–6 (Goethestraße 12, 2. Stock, Zimmer 4–6)
Männer/Frauen/Kinder	05128/952 76-0 (Telefon: Vorwahl = 05128, Anschluss = 95276, Telefonzentrale = 0)
Abwassergebühren für April/Mai/Juni	Az iV/333/7 (Aktenzeichen)
der Jahreswechsel 2006/2007	Rg.-Nr. 669/24 rs/do (Nummer einer Rechnung)
Markt am 18./19./20. November	
die große Koalition aus den Parteien CDU/CSU/SPD	

Verhältnisangaben

Durchschnittsgeschwindigkeit: 120 km/h (= 120 km **pro** Std.)
12 Einwohner/km^2 (= 12 Einw. **pro/je** Quadratkilometer)

Worttrennung am Zeilenende

Trennung

- Geschriebene Wörter (mit mehr als einer Silbe) kann man am Zeilenende so trennen, wie sie sich beim langsamen Vorlesen in Silben zerlegen lassen. Dabei darf der Sinn nicht verändert werden. (Einzelne Vokalbuchstaben am Wortanfang oder -ende werden nicht abgetrennt, auch nicht in Wortzusammensetzungen.)
- In Fremdwörtern können Konsonantengruppen (Mitlautgruppen) mit *l*, *n* oder *r* getrennt werden, oder sie kommen auf die folgende Zeile. (Das sind z. B. *bl, cl, fl, kl, phl, pl; br, cr, dr, fr, gr, kr, tr, vr; gn, kn.*)
- Bei Zusammensetzungen, die als solche nicht mehr empfunden werden, sind zwei Trennweisen möglich.

allgemeine Trennung		Sinn erhalten	Fremdwörter	zwei Trennmöglichkeiten
Mau-er	Fer-kel und Sä**ue**	Altbau-erhaltung (nicht: Altbauer-haltung)	nob-le/no-ble	dar-um/da-rum
re-geln	Ge-trei-de-kl**eie**	An-alphabet (nicht: Anal-phabet)	Zyk-lus/Zy-klus	war-um/wa-rum
na-iv	gra**ue** Kat-zen	Druck-erzeugnis (z. B. Zeitung)	Indus-trie/Indust-rie	hin-auf/hi-nauf
in-di-vi-du-ell	**Bio**-masse	Drucker-zeugnis (Zeugnis für einen Drucker)	Dip-lom/Di-plom	her-auf/he-rauf
ost-eu-ro-pä-isch	Mai-**abe**nd	Spar-gelder (nicht: Spargel-der)	Mag-net/Ma-gnet	her-an/he-ran
Knäu-el	**Ame**i-se	Sprech-erziehung (nicht: Sprecher-ziehung)	Pub-likum/Pu-blikum	inter-essant/inte-ressant
Fa-mi-li-en-be-trieb	bla**ue** Blu-me	be-inhalten (nicht: bein-halten)	Feb-ruar/Fe-bruar	Päd-agogik/Pä-dagogik
wa-schen	ra**ue** Winde	Schul-zentrum (nicht: Schulzen-trum)	Hyd-rant/Hy-drant	Hekt-ar/Hek-tar
Sa-chen	Kis-te	Blut-egel (nicht: Blute-gel)	Reg-lement/Re-glement	Heliko-pter/Heli-kopter
So-cken	He-xe	Teen-ager (nicht: Tee-nager)	Arth-ritis/Ar-thritis	(...)
bli-cken	nei-disch	Musik-erleben (Musiker-leben)	Li-vree/Liv-ree	
le-cker	Drit-tel	unter-miniert (un-terminiert)		
Zu-cker	den-noch			
Sa-phir	Sechs-ter			
Goe-the	knusp-rig			
Fü-ße (Füs-se)	holp-rig			

31 Besondere Regelungen für Textverarbeitungsprogramme

Grundsätzliche Regeln

- Texte mit einem Textverarbeitungsprogramm zu erstellen, ist im Alltag inzwischen üblich. Bei schriftlichen Hausaufgaben, vorwissenschaftlichen Ausarbeitungen, Thesenpapieren zu Referaten, Praktikumsberichten und Bewerbungsschreiben kann oft auch in der Schule ein Textverarbeitungsprogramm eingesetzt werden.
- Die wichtigsten Regeln bei der Nutzung entsprechender Programme fordern eine saubere und übersichtliche Gestaltung der Dokumente und eine einheitliche Vorgehensweise bei einzelnen formalen Aspekten, etwa bei der Nummerierung und Formatierung der Überschriften.

Durchgehend arabische Ziffern in längeren Arbeiten	Andere Zählmöglichkeiten bei Thesenpapieren
1. Informationen zu Erich Kästner	**I. Informationen zu Erich Kästner**
1.1. Erich Kästners Lebenslauf	*1. Erich Kästners Lebenslauf*
1.1.1. Erich Kästners Kindheit	a) Erich Kästners Kindheit
1.1.2. Die 1920er-Jahre	b) Die 1920er-Jahre
1.1.3. Die Zeit zwischen 1933 und 1945	c) Die Zeit zwischen 1933 und 1945
1.1.4. Die Zeit nach dem Krieg	d) Die Zeit nach dem Krieg
1.2. Erich Kästners Werke	*2. Erich Kästners Werke*
1.2.1. Die Kinderbücher	a) Die Kinderbücher
1.2.2. ...	b) ...

Schriftart, -größe, Seitenränder

- Wenn keine anderen Absprachen getroffen wurden, nutzt man eine gängige, gut lesbare Schriftart.
- Die reguläre Schriftgröße beträgt dabei 12 Punkt.
- Der Zeilenabstand bei wissenschaftlichen und schulischen Texten beträgt 1,5 Zeilen, bei anderen formalen Texten benutzt man den einfachen Zeilenabstand.
- Die übliche Breite der Seitenränder liegt zwischen 2,5 cm und 3 cm. Manchmal muss rechts ein breiterer Korrekturrand gelassen werden.

Gut lesbare Schriften sind:
- Times New Roman
- Palatino

und mit Einschränkungen:
- Arial

Ein passender Zeilenabstand und ein breiter Rand verbessern die Lesbarkeit der Texte und ermöglichen Randnotizen.

Satzzeichen

- Für alle Satzzeichen gilt: Das Satzzeichen steht **ohne** Leerzeichen direkt nach dem vorausgehenden Wort. Zwischen dem Satzzeichen und dem folgenden Wort steht immer ein Leerzeichen.

Erich Kästner ist vor allem als Kinderbuchautor bekannt. Seine Kinderbücher sind noch immer sehr beliebt, sie wurden in viele Sprachen übersetzt. Ob sein Erfolg berechtigt ist? Auf jeden Fall! Schließlich schreibt er immer wieder über Themen, die für Kinder interessant sind.

Zitieren

- Bei direkten (wörtlich wiedergegebenen) und indirekten (umschriebenen) Übernahmen aus anderen Texten **müssen die Quellen angegeben werden**.
- In der Regel werden die Zitatquellen am Seitenende in einer Fußnote belegt. Hinter dem Zitat steht eine kleine, hochgestellte Zahl, die auf die Fußnote verweist.
- Wird ein wörtliches Zitat nicht vollständig übernommen, werden die Auslassungen durch drei Punkte in **eckigen** Klammern gekennzeichnet.
- Auch Zitate aus Internetseiten müssen exakt angegeben werden. Eine gängige Zitationsweise nennt die http-Adresse und das Datum der Textentnahme.

Ein Autor bezeichnet Kästner als „einen der eindruckvollsten und populärsten deutschen Schriftsteller“[1] und drückt damit seine Wertschätzung gegenüber dem berühmten Schriftsteller aus.

[1] Xaver Krempel: Jugendbuch revisited. Kleinkleckersdorf. Xyzverlag 2016. S. 132

Ein Autor drückt seine Wertschätzung gegenüber Kästner aus und spielt auf dessen vielseitige Schreibtätigkeit und Zeitkritik an.[1]

[1] Xaver Krempel: Jugendbuch revisited. Kleinkleckersdorf. Xyzverlag 2016. S. 132

Xaver Krempel bemerkt, heute habe „der Autor nur noch als Jugendbuchautor Geltung [...]. Obwohl er [...] auch für anderes Zielpublikum schrieb.[1]

[1] Xaver Krempel: Jugendbuch revisited. Kleinkleckersdorf. Xyzverlag 2016. S. 132

http://www.erich-kaestner-museum.de (Zugriff am 19. 07. 2016)

32 Typische Fehler und Strategien zur Fehlerreduzierung

Die Schreibung von das – dass

- Um die Schreibung von *das* und *dass* nicht zu verwechseln, muss man gründlich überprüfen, in welcher **Funktion** das Wörtchen **das/dass** innerhalb des Satzzusammenhangs genutzt wird. Nur die Konjunktion (Bindewort) schreibt man mit Doppel-s. Meist geht ein Verb voraus, das eine Äußerung oder eine Feststellung beschreibt. (→ Seite 11 und Seite 26)

Er sagte, da**ss** ...; Ich sehe, da**ss** ...; Ich denke, da**ss** ...; Der Polizist stellte fest, da**ss** ...
Übungssätze: Gegen 9.30 Uhr betraten die Bankräuber da**s** Gelände. Ich hätte nie gedacht, da**ss** es in dieser kleinen Stadt einmal zu einem Überfall kommen kann. Ich hörte ein paar Schreie und dachte: „Was ist da**s**?“ Da sah ich schon, da**ss** zwei Maskierte auf den Schalter zukamen. Ich versuchte da**s** Geld, da**s** auf dem Tisch lag, zu verstecken. Es war aber zu spät. „Was soll da**s**?“, rief einer der Männer ...

Findest du weitere Beispiele für Sätze, in denen ***dass*** geschrieben wird?

Kommasetzung bei Infinitivsätzen

Wenn in einem Satz eine Verbform im Infintiv (Grundform mit *zu*) vorkommt, muss überprüft werden, ob ein Komma zu setzen ist. (→ Seite 27)

- Komma bei eingeleiteten Infinitivgruppen mit *um, ohne, statt, anstatt, außer,* oder *als*.
- Komma bei einem Infintiv, der von einem Substantiv abhängt.
- Komma bei einem Infintiv, der angekündigt wird oder der wieder aufgegriffen wird.

Er übte die Regeln, **um** eine gute Diktatnote **zu bekommen**.
Das **Glück**, neben der besten Schülerin **zu sitzen**, hat er nie.
So gelang **es** ihm nicht, seine Note durch Abschreiben **zu verbessern**.

Unnötiges Dehnungs-h

- Die meisten lang gesprochenen Vokale werden ohne besondere Kennzeichnung geschrieben! Ein Dehnungs-h sollte nur gesetzt werden, wenn man sich bei der Schreibung wirklich sicher ist.

Lang gesprochene Vokale ohne Kennzeichnung: der Besen, die Bluse, das Datum, lesen, der Name, der Rat, das Rathaus, der Rasen, rufen, der Pol, schämen, der Tag, der Wagen
Lang gesprochene Vokale mit Dehnungs-h: der Fehler, mehr, die Nahrung, der Strahl, die Zahl

Im Wörterbuch nachschauen

- Die deutsche Rechtschreibung ist nicht immer leicht. Man sollte sich bei Unsicherheiten nicht schämen, ein Rechtschreibwörterbuch zu Rate zu ziehen.
- Rechtschreibwörterbücher sind alphabetisch sortiert. Sie geben nicht nur die **korrekte Schreibung** eines Wortes an, sondern geben auch Auskunft über die **Silbentrennung, alternative Schreibweisen**, das **grammatische Geschlecht**, die **Pluralschreibung**, die **Bedeutung** und **verwandte Wörter**.

Or|tho|gra|phie, *auch* Or|tho|gra|fie, die; - ...ein (Rechtschreibung); **or|tho|gra|phisch**, *auch* or|tho|gra|fisch (rechtschreiblich)

Weitere Tricks bei Unsicherheiten

- Man kann die Wörter **verlängern**, um herauszufinden, mit welchem Buchstaben sie enden.
- Man kann die Schreibung von **verwandten Wörtern** ableiten.
- **Diktate schreiben:** Auch wenn niemand zur Verfügung steht, der einen Diktattext vorliest, kann man das Schreiben von Diktaten zu Hause üben. Das Schreiben eines Laufdiktats oder das Schreiben nach Hörbüchern ist eine gute Möglichkeit dafür.
- **Laufdiktate schreiben:** Man legt einen Diktattext – zum Beispiel einen Text aus dem Lesebuch – auf den Küchentisch. Das Schreibheft liegt auf dem Schreibtisch. Nun geht man immer wieder zum Küchentisch, merkt sich einen Teil des Diktats und überträgt es ins Schreibheft.

Hilfe durch Verlängerung: Schreibt man „der Wald“ oder „der Walt“? Es heißt ja „die Wäl**der**“, also schreibt man auch „der Wal**d**“.
Ebenso: Han**d** – *wegen*: die Hän**de**; Hal**b** – *wegen*: hal**bieren**

Hilfe durch den Blick auf verwandte Wörter: Schreibt man „er rei**ß**t nach Spanien“ oder „er rei**s**t nach Spanien“? –
Man schreibt „die Rei**s**e“, also schreibt man auch „er rei**st**“.
Ebenso: rei**ß**en – *wegen*: der Ri**ss**;
Geb**äu**de – *wegen*: b**au**en

33 Stichwortverzeichnis